"十四五"职业教育国家规划教材

汽车发动机电控系统结构与检修

主　编　陈银鼎　韦　善
副主编　袁家旺　欧阳泳　钟雪勤
参　编　梁家生　谭文孝　胡　涛

北京理工大学出版社
BEIJING INSTITUTE OF TECHNOLOGY PRESS

内 容 简 介

本书主要介绍了汽车发动机电控系统的总体结构、部件结构及安装部位、基本原理和检测方法，介绍了汽车发动机主要控制系统的故障诊断步骤与方法。内容主要包括：汽车发动机电控系统基础知识，汽车发动机电控系统的总体结构及部件认知，汽车发动机电控系统部件检测，汽车发动机电控系统的结构与检修，汽车发动机主要电控系统的故障诊断等。

本书采用了大量的方框图、实景图、示意图，图文并茂，内容通俗、实用、容易掌握，适合作为中高职院校汽车运用与维修专业的教学用书，也可以供汽车企业技术人员、维修人员阅读参考。

版权专有　侵权必究

图书在版编目（CIP）数据

汽车发动机电控系统结构与检修 / 陈银鼎，韦善主编 . -- 北京：北京理工大学出版社，2023.7 重印

ISBN 978-7-5763-0399-5

Ⅰ . ①汽… Ⅱ . ①陈… ②韦… Ⅲ . ①汽车 – 发动机 – 电子系统 – 控制系统 – 构造②汽车 – 发动机 – 电子系统 – 控制系统 – 车辆检修 Ⅳ . ①U464②U472.43

中国版本图书馆 CIP 数据核字（2021）第 197010 号

出版发行 /	北京理工大学出版社有限责任公司
社　　址 /	北京市海淀区中关村南大街 5 号
邮　　编 /	100081
电　　话 /	（010）68914775（总编室）
	（010）82562903（教材售后服务热线）
	（010）68944723（其他图书服务热线）
网　　址 /	http://www.bitpress.com.cn
经　　销 /	全国各地新华书店
印　　刷 /	定州启航印刷有限公司
开　　本 /	889 毫米 × 1194 毫米　1/16
印　　张 /	12.5
字　　数 /	240 千字
版　　次 /	2023 年 7 月第 1 版第 2 次印刷
定　　价 /	44.00 元

责任编辑 / 陆世立
文案编辑 / 陆世立
责任校对 / 周瑞红
责任印制 / 边心超

图书出现印装质量问题，请拨打售后服务热线，本社负责调换

前言

党的二十大报告提出："推进新型工业化，加快建设制造强国、质量强国、航天强国、交通强国、网络强国、数字中国。"近20年来，我国汽车工业迅猛发展，已成为国家的支柱产业。汽车作为运输及交通工具，逐步成为人们日常生活不可缺少的工具，已渗透到生活的每个角落。截至2022年9月底，我国汽车保有量已达3.15亿辆，使我国连续多年成为全球最大的车市。在这种形势下，我国汽车检测与维修、销售等行业人才需求日益增长，迫切需要一批应用型专业技术人才。

目前，汽车电子控制技术在汽车发动机的应用越来越普遍，汽车的集成化、智能化程度越来越高，给汽车的使用、维护、维修带来了不少的困难，许多驾驶员朋友、有志从事汽车维修的学生朋友和资历浅的汽车维修人员，面对发动机上数量众多的电气部件、电缆和复杂的控制系统而束手无策，深感自己汽车电控基础知识的薄弱，对汽车电控系统知识的学习充满了渴求。为了适应职业教育教学改革、满足汽车使用者、有志从事汽车维修的朋友和资历尚浅的汽车维修人员的迫切需要，使其更好地了解、熟悉汽车发动机电控系统的构造、部件安装位置、检修，学会发动机主要控制系统的检修与故障诊断，编写工作组精心编写了本书。

本书依据职业院校长期从事职业教育的优秀教师及汽车维修企业专家的建议，以实用为原则、以就业为导向编写而成。本书主要包括汽车发动机电控系统基础知识、汽车发动机电控系统的总体结构及部件认知、汽车发动机电控系统部件检测、汽车发动机电控系统的结构与检修、汽车发动机主要电控系统的故障诊断等内容。

本书主要特色如下。

1. 遵循"产教融合"精神，以项目为导向，以汽车维修企业日常工作任务为驱动，学、做一体编写原则

党的二十大报告提出："统筹职业教育、高等教育、继续教育协同创新，推进职普融通、产教融合、科教融汇，优化职业教育类型定位。"本书结合汽车维修企业日常工作任务，以项目为导向，以工作任务为驱动，基于工作过程和学、做一体化模式进行编写。

（1）每个项目设置了若干学习任务，每个学习任务包含学习内容和学习目标。

（2）学习目标包括知识目标和能力目标，便于使用本书的教师编写教案时进行参考，也使学生学习前明确每个学习任务的目标，学习后自我检查能否达到预定的学习目标。

2. 设置理实一体化的学习任务，按照任务工单式教材进行编写

通过对汽车相关工作岗位的分析，梳理出岗位核心能力，以职业岗位的典型工作任务为驱动，设置理实一体化的学习任务。将任务工单与学习评价相结合，符合职业教育教材发展改革趋势。

3. 学习内容的选取实用、适用

本书学习内容依据汽车维修企业工作任务的需要进行选取，采用了大量的方框图、实景图、示意图，图文并茂，通俗易懂。通过经典的车型案例，帮助学生更好理解和掌握相关知识，使学生通过学习成为具有丰富理论知识和操作技能的高技能人才。

4. 学习内容编排顺序符合学生认知规律

本书根据职业院校学生的文化知识水平及认知规律，以部件认知（外形认知—作用认知—安装位置认知—结构认知—原理认知）—部件性能检测判断—系统结构检修—系统故障诊断来编排教材内容，由浅入深，由简单到复杂，使不同基础的学生或其他不同层次的学习者都容易掌握。

5. 注重贯彻素质教育，践行为党育才、为国育才精神，努力培养学生职业能力和职业素养

本书通过任务实施的过程，努力培养学生的职业能力和职业素养，注重立德树人，使学生成为高技能、高素质的应用型人才。

本书建议在理实一体化教学场地，按照理实一体的模式进行教学使用。本书建议教学总课时为72课时，其中概述2课时，项目一汽车发动机电控系统的总体结构及部件认知10课时，项目二汽车发动机电控系统部件检测32课时，项目三汽车发动机电控系统的结构与检修16课时，项目四汽车发动机主要电控系统的故障诊断12课时。

本书由灵山县职业技术学校陈银鼎、广西机电工程学校韦善任主编，广西理工职业技术学校袁家旺、灵山县职业技术学校欧阳泳、柳州市第二职业技术学校钟雪勤任副主编，参与编写的还有广西理工职业技术学校梁家生、北海市中等职业技术学校谭文孝、上海汽车集团股份有限公司乘用车研究院胡涛等。

由于编者经历和水平有限，书中难免有不足之处，恳请相关领域专家和广大读者提出宝贵意见。

编　者

目录

概述　汽车发动机电控系统基础知识……………………………………………………… 1

项目一　汽车发动机电控系统的总体结构及部件认知………………………………… 9

任务一　汽车发动机电控系统的总体结构认知………………………………………… 9

任务二　汽车发动机电控系统的部件认知……………………………………………… 20

项目二　汽车发动机电控系统部件检测………………………………………………… 33

任务一　曲轴与凸轮轴位置传感器的检测……………………………………………… 33

任务二　空气流量计的检测……………………………………………………………… 40

任务三　进气压力传感器的检测………………………………………………………… 46

任务四　节气门位置传感器的检测……………………………………………………… 50

任务五　水温传感器、进气温度传感器的检测………………………………………… 57

任务六　氧传感器、爆震传感器的检测………………………………………………… 62

任务七　ECU 的检测 …………………………………………………………………… 68

任务八　执行器的检测…………………………………………………………………… 74

项目三　汽车发动机电控系统的结构与检修…………………………………………… 85

任务一　燃油喷射系统的结构与检修…………………………………………………… 85

任务二　电控点火系统的结构与检修…………………………………………………… 95

任务三　怠速控制系统的结构与检修…………………………………………………… 104

任务四　排放控制系统的结构与检修…………………………………………………… 111

项目四　汽车发动机电控系统的故障诊断 119

任务一　解码器的使用 119
任务二　电控点火系统的故障诊断 128
任务三　电控燃油供给系统的故障诊断 133
任务四　怠速控制系统的故障诊断 137

参考文献 143

概 述

汽车发动机电控系统基础知识

学习内容

1. 发动机电控系统的分类。
2. 发动机电控系统的组成及功能。
3. 发动机燃油喷射系统的分类。

学习目标

1. 知识目标
（1）熟悉发动机电控系统的组成及各组成部分的功能。
（2）熟悉发动机燃油喷射系统的分类。
2. 能力目标
（1）能说出发动机电控系统的组成及各组成部分的功能。
（2）能说出发动机燃油喷射系统的种类。

一、发动机电控系统的分类

发动机电控系统分为主要控制系统和辅助控制系统两类，具体分类如下。

(1) 主要控制系统 { 电控点火（ESA）系统
电控燃油喷射（EFI）系统

(2) 辅助控制系统 { 怠速控制（ISC）系统
进气与增压控制（IAC）系统
排放控制（含EGR控制、PCV控制、EVAP控制）系统
失效保护系统
自诊断系统
应急系统
……

1）电控点火系统的功能

电控点火系统根据发动机相关传感器输入的信号，判断发动机运行工况，选择并确定最佳的点火提前角，点燃气缸内的可燃混合气，从而改善发动机的燃烧性能，以提高发动机的动力性、经济性，降低排放污染。

电控点火系统的主要控制内容：发动机的点火提前角、闭合角、爆震。

2）电控燃油喷射系统的功能

电控燃油喷射系统根据发动机相关传感器输入的信号，判断发动机运行工况，对发动机的喷油量、喷油正时、减速及限速、超速进行断油控制，使发动机在运行工况下获得最佳浓度的混合气，从而改善发动机的燃烧性能，提高发动机的动力性、经济性，降低排放污染，并防止发动机超速运转。

电控燃油喷射系统的主要控制内容：喷油量、喷油正时、减速及限速、超速断油控制、电动燃油泵控制。

3）怠速控制系统的功能

发动机怠速工况下，怠速控制系统根据发动机冷却液温度高低、空调是否开起、自动变速器是否入挡、车辆是否低速转向等情况，通过怠速电磁阀或怠速控制电动机对发动机进气量进行控制，使发动机以最佳的怠速运转，并防止发动机熄火。

4）进气与增压控制系统的功能

① 可变配气相位控制（VTCE）系统的功能：根据发动机转速、负荷等变化控制VTCE系统工作，改变驱动同一气缸两进气门工作的凸轮，以调整进气门的配气相位及升程，并实现单进气门工作和双进气门工作的切换，提高进气效率，改善发动机动力性能。

② 谐波进气增压控制系统的功能：根据发动机转速及负荷的变化，改变进气管内的压力波的传播距离，以提高发动机充气效率，改善发动机动力性能，提高发动机输出功率。

③ 涡轮增压控制系统的功能：电控单元（ECU）根据压力传感器输入的进气压力信号，控制发动机的增压装置，对发动机进气压力的强度进行控制，改善发动机动力性能，提高发动机输出功率。

5）排放控制系统的功能

排放控制系统对发动机排放控制装置进行实时控制，以降低发动机的废气排放量。

6）失效保护系统的功能

当传感器或传感器线路发生故障时，失效保护系统自动按 ECU 预先设定的参考信号值工作，使发动机能继续运转。

7）自诊断系统的功能

ECU 检测到控制系统产生故障时，自动诊断故障部位，并以代码的形式储存在存储器中，以便检修人员借助专用仪器调取故障代码，快速确定发动机故障范围。同时点亮仪表盘上的故障指示灯，提示驾驶员发动机出现故障。

8）应急系统的功能

当发动机控制系统的 ECU 产生故障时，自动启用应急系统的备用集成电路，按设定信号控制发动机进入强制运转状态，便于驾驶员驾驶车辆靠边或进厂维修。

二、发动机电控系统的组成及功能

1. 发动机电控系统的基本组成

发动机电控系统的基本组成部分包括信号输入装置（各种传感器）、电子控制单元（ECU）、执行器几部分，如图 0-1 所示。

发动机检测信号传感器包括主控信号传感器和修正信号传感器两类，如图 0-2~ 图 0-4 所示。

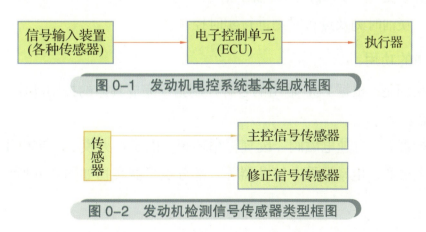

图 0-1 发动机电控系统基本组成框图

图 0-2 发动机检测信号传感器类型框图

| 曲轴位置传感器 | 空气流量计 | 进气压力传感器 | 凸轮轴位置传感器 | 节气门位置传感器 |

图 0-3　主控信号传感器实物

水温传感器　　进气温度传感器　　氧传感器　　爆震传感器

图 0-4　修正信号传感器实物

2. 发动机电控系统各组成部分的功能

1）传感器的功用

传感器用来检测发动机运行工况，并把检测到的发动机运行工况信息转换成发动机 ECU 能识别的电信号输入 ECU，发动机 ECU 根据传感器输入的电信号控制发动机工作。

2）ECU 的功用

ECU 的外形如图 0-5 所示，其功用是：根据其内部存储的程序，对发动机传感器和控制开关输入的信号进行运算、处理、判断，然后输出指令，对发动机喷油量、喷油时刻及点火时刻进行实时控制。

图 0-5　ECU 外形

3）执行器的功用

执行器的功用是：根据 ECU 输出的各种控制指令完成具体的控制动作，使发动机处于最佳的工作状态。

常见的执行器有：怠速电磁阀、废气再循环阀、电子点火模块、带电子点火模块的点火线圈、炭罐电磁阀、电动油泵、喷油器等。部分执行器实物如图 0-6 所示。

| 怠速电磁阀 | 电子点火模块 | 喷油器 | 电动油泵 | 炭罐电磁阀 |

图 0-6 部分执行器实物图

三、汽油发动机燃油喷射（EFI）系统的分类

1. 按汽油喷射部位不同分为两类

（1）缸内喷射（见图 0-7）：将燃油直接喷射入气缸内。除柴油机外，现在部分汽油机也采用这种喷射方式。

（2）缸外喷射（见图 0-8）：通过喷油器将具有一定压力的燃油喷射到进气歧管内相应的部位。现在汽油车发动机多采用这种喷射形式。

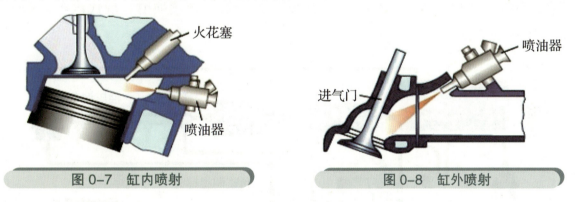

图 0-7 缸内喷射　　　　　　　　图 0-8 缸外喷射

2. 按喷油器安装部位不同分为两类

（1）电控单点燃油喷射（SPI）系统：已淘汰。

（2）电控多点燃油喷射（MPI）系统：该系统在每个缸前的进气歧管上安装一个喷油器，喷油器对各缸适时进行喷油。现在汽车普遍采用这种喷射形式。

3. 按汽油喷射方式不同分为两类

（1）连续喷射：已淘汰。

（2）间歇喷射：发动机运行期间燃油适时由喷油器喷射到进气管上，与进气管内的空气混合形成可燃混合气。现代燃油喷射系统普遍采用这种喷射形式。

4. 按汽油喷射时序不同分为三类

（1）同时喷射（见图0-9）：已淘汰。

（2）分组喷射（见图0-10）：已淘汰。

（3）顺序喷射（见图0-11）：由ECU根据传感器输入的信号，确定各缸喷油顺序，适时向各缸发出喷油指令以实现顺序喷油。现代汽油喷射系统普遍采用这种喷射形式。

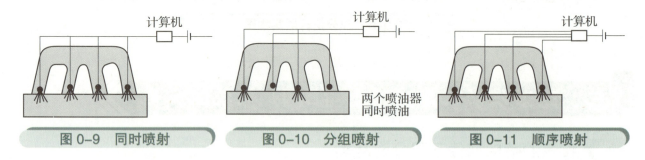

图0-9 同时喷射　　图0-10 分组喷射　　图0-11 顺序喷射

5. 按汽油喷射控制方式不同分为三类

（1）机械控制式（K型）：已淘汰。

（2）机电结合控制式（KE型）：已淘汰。

（3）电控式（EFI）（见图0-12）：由ECU控制燃油连续喷射。现代汽车普遍采用这种形式。

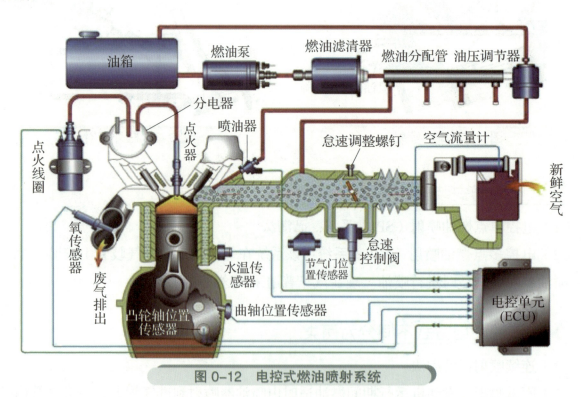

图0-12 电控式燃油喷射系统

6. 按检测空气量的方式不同分为两类

（1）歧管压力间接计量式（D型）（见图0-13）：通过进气压力传感器检测进气歧管的真空度间接测量发动机的空气进气量。这种系统用压力传感器检测进气压力，测量精度稍差。

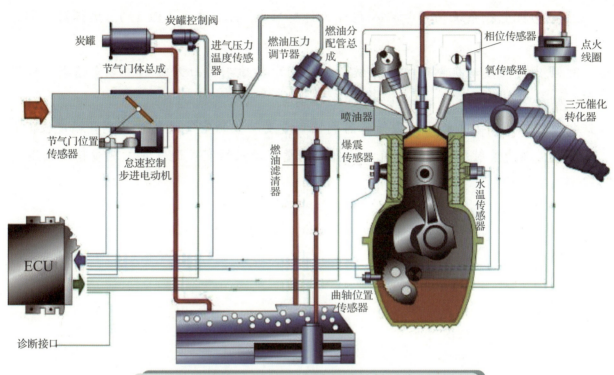

图0-13　歧管压力间接计量式燃油喷射系统（D型）

（2）空气流量计直接计量式（L型）（见图0-14）：用空气流量计直接检测进气歧管的空气进气量。这种系统用空气流量计检测空气进气量，测量精度较高。

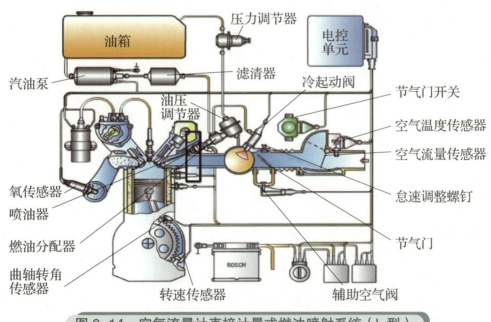

图0-14　空气流量计直接计量式燃油喷射系统（L型）

小 结

1. 发动机控制系统包括电控点火（ESA）系统、电控燃油喷射（EFI）系统、怠速控制（ISC）系统、进气与增压控制系统、排放控制（含EGR控制、PCV控制、EVAP控制）系统、失效保护和自诊断系统、应急系统等。

2. 发动机电控系统由信号输入元件（传感器）、电控单元（ECU）、执行器三部分组成。

3. 现代汽油发动机燃油喷射系统普遍采用电控喷射、缸外喷射、多点喷射、间歇喷射、顺序喷射。

4. D型燃油喷射系统用压力传感器间接测量发动机的空气进气量，测量精度较低。

5. L型燃油喷射系统用空气流量计直接测量发动机的空气进气量，测量精度较高。

项目一
汽车发动机电控系统的总体结构及部件认知

任务一　汽车发动机电控系统的总体结构认知

> **学习内容** →
>
> 1. 发动机电控系统的基本结构认知。
> 2. 发动机主要电控系统和辅助电控系统的结构认知。

> **学习目标** →
>
> 1. 知识目标
> （1）熟悉发动机电控系统的基本结构。
> （2）熟悉发动机主要电控系统和辅助电控系统的结构。
> 2. 能力目标
> （1）能说出发动机电控系统的基本结构。
> （2）能说出发动机主要电控系统和辅助电控系统的结构。

一、任务导入

现代汽车为了环保和提高发动机输出功率,普遍采用电控系统对发动机不同运行工况下的点火、喷油、废气排放等进行控制。作为汽车维修企业的管理人员、技术人员、维修人员,必须了解、熟悉汽车电控系统的结构,才能更好地进行管理、技术指导或维修车辆。

二、任务实施

(一)收集资料

1. 发动机电控系统组成

发动机电控系统基本结构如图 1-1-1 所示,包括传感器、ECU、执行器三部分。

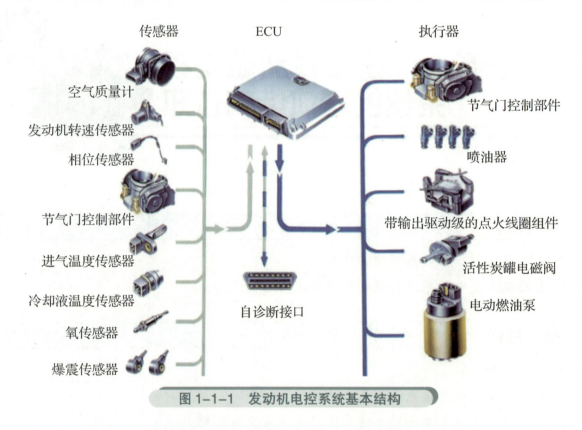

图 1-1-1　发动机电控系统基本结构

2. 主要电控系统的结构

1)电控点火系统的结构

电控点火系统的结构如图 1-1-2 所示,主要由传感器、ECU、分电器、点火模块、点火线圈、火花塞等构成。主要部件如图 1-1-3 所示。

项目一 汽车发动机电控系统的总体结构及部件认知

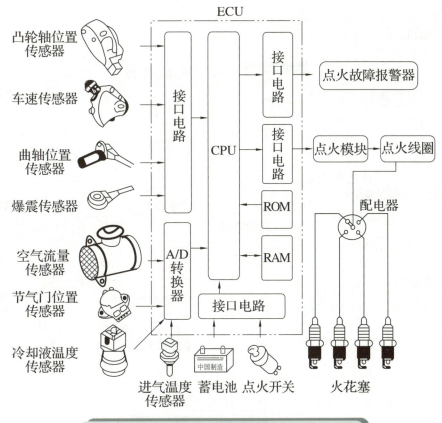

图 1-1-2 电控点火系统的结构

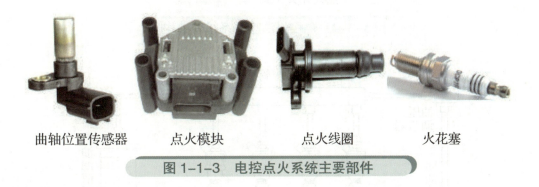

图 1-1-3 电控点火系统主要部件

2）电控燃油喷射系统的结构

电控燃油喷射系统主要由燃油供给系统和空气供给系统两部分构成，其结构如图 1-1-4 所示。

（1）燃油供给系统的结构如图 1-1-5、图 1-1-6 所示。

功用：向气缸内供给燃烧时所需的一定量的燃油。

结构：由电动燃油泵、燃油滤清器、燃油分配管、油压调节器、喷油器、油管等构成。

（2）空气供给系统的结构如图 1-1-7 所示。

功用：为发动机可燃混合气的形成提供必要的新鲜、清洁空气，并测量和控制进气量。

结构：由空气滤清器、节气门怠速开度控制传感器、进气管及空气流量传感器等构成。

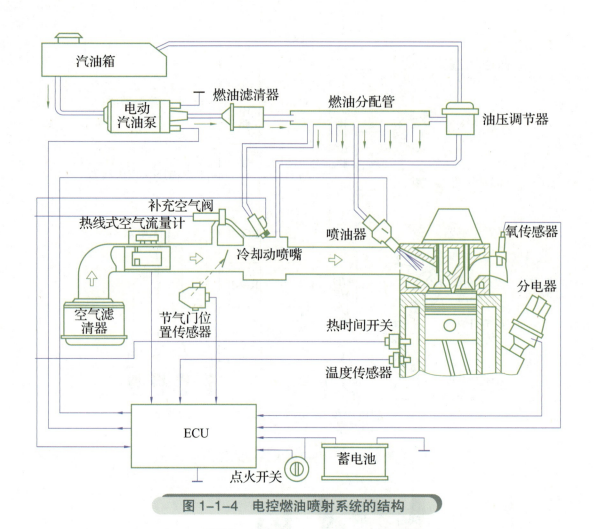

图 1-1-4 电控燃油喷射系统的结构

图 1-1-5 燃油供给系统的结构（一）

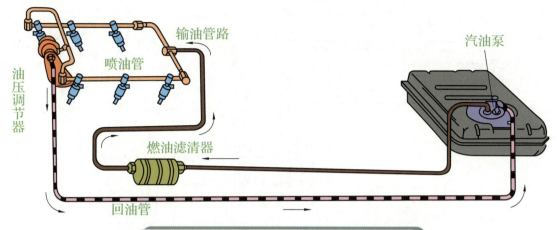

图 1-1-6 燃油供给系统的结构（二）

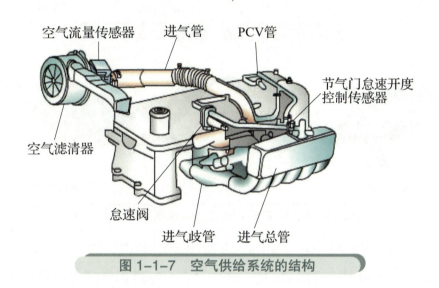

图 1-1-7 空气供给系统的结构

3. 辅助电控系统的结构

1）怠速控制系统

（1）类型：有空气旁通道怠速控制系统、直动式怠速控制系统两种。

（2）功用：ECU 根据传感器检测的发动机状态参数确定目标转速，计算出目标转速与实际转速的差值，确定控制量，驱动怠速控制装置，改变进气量，使实际转速接近目标转速。

（3）结构。

① 空气旁通道怠速控制系统：由怠速电磁阀、节气门体、ECU、空气计量传感器、空调开关、发动机转速传感器、水温传感器等构成。主要部件为 ECU 和怠速电磁阀。其结构和部件分别如图 1-1-8、图 1-1-9 所示。

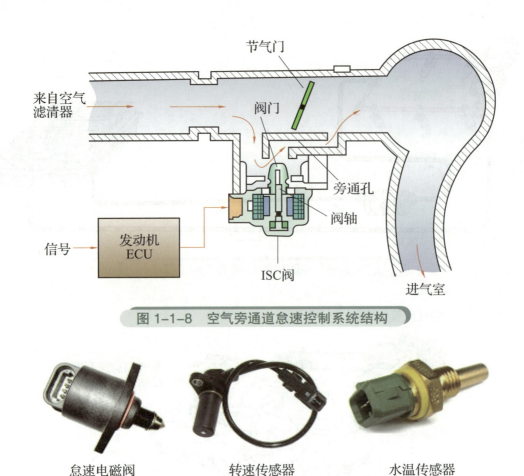

图 1-1-8　空气旁通道怠速控制系统结构

怠速电磁阀　　　转速传感器　　　水温传感器

图 1-1-9　空气旁通道怠速控制系统部件

② 直动式怠速控制系统：由节气门、直流驱动电动机、减速装置、怠速开关（卡罗拉轿车发动机不装）等构成。图 1-1-10、图 1-1-11 为两款典型直动式怠速控制系统。

图 1-1-10　卡罗拉轿车直动式怠速控制系统

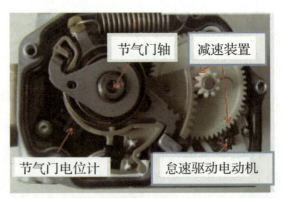

图 1-1-11　大众时代超人直动式怠速控制系统

2）排放控制系统

（1）燃油蒸气排放（EVAP）控制系统结构如图 1-1-12 所示。

功用：用于收集油箱内蒸发的汽油蒸气，并将汽油蒸气导入气缸参与燃烧，防止汽油蒸气排入大气中造成污染。

结构：由活性炭罐、炭罐控制电磁阀、燃料止回阀及真空软管等构成。

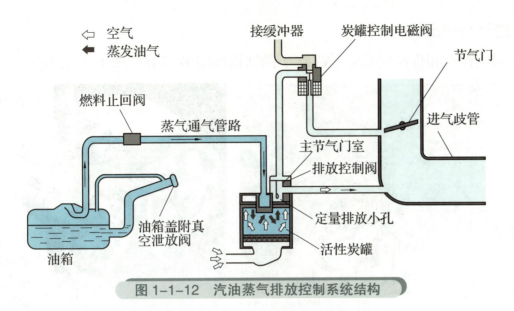

图 1-1-12 汽油蒸气排放控制系统结构

（2）废气再循环（EGR）控制系统结构如图 1-1-13、图 1-1-14 所示。

功用：将适量的废气重新引入气缸参加燃烧，以降低气缸内的最高温度，减少氮氧化合物的排放量。同时根据发动机的工况，控制废气再循环量。

结构：由 EGR 阀（见图 1-1-15）、EGR 电磁阀、传感器、真空软管、ECU 等构成。

EGR 阀与进气歧管和排气歧管相连，通过真空管控制阀门的开起程度，决定传到进气歧管中的废气量。通过传感器，根据发动机的不同工况调节 EGR 阀的打开与关闭。

由于排气温度 700℃~800℃，而汽油燃点 415℃~530℃，因此 EGR 阀需用冷却液对排气降温。

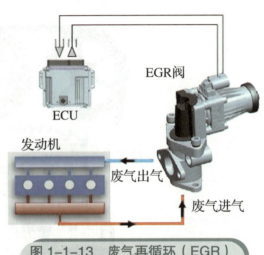

图 1-1-13 废气再循环（EGR）控制系统结构（一）

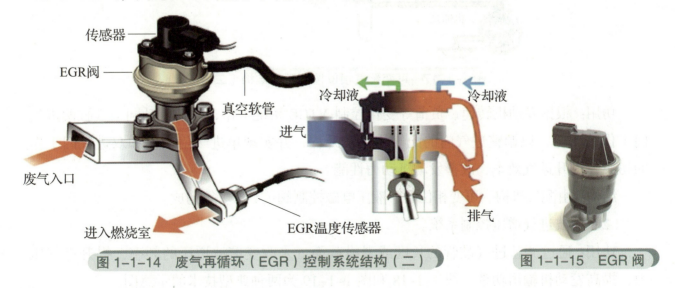

图 1-1-14 废气再循环（EGR）控制系统结构（二）

图 1-1-15 EGR 阀

3）进气与增压控制系统

（1）可变配气相位控制系统（VTEC）的结构如图1-1-16、图1-1-17所示。

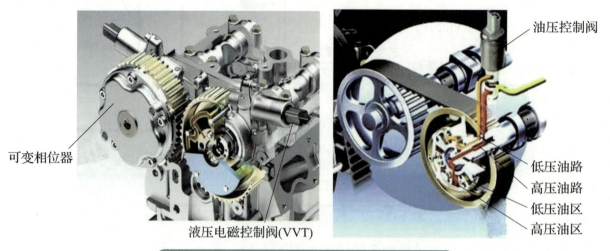

图1-1-16 可变配气相位控制系统结构（一）

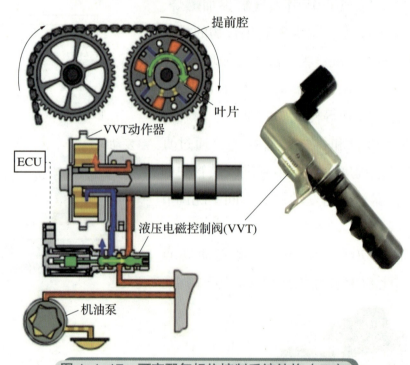

图1-1-17 可变配气相位控制系统结构（二）

功用：根据发动机转速、负荷等变化控制VTCE系统工作，改变驱动同一气缸两进气门工作的凸轮，以调整进气门的配气相位及升程，并实现单进气门工作和双进气门工作的切换，提升进气效率，改善发动机动力性能。

结构：由配气机构、可变相位器、液压电磁控制阀（VVT）等构成。

（2）谐波进气增压控制系统。

功用：通过调整进气歧管的长度或者横截面，来改变谐波增压的频率，提升进气压力，提高发动机输出功率。图1-1-18和图1-1-19为两种典型技术的示意图。

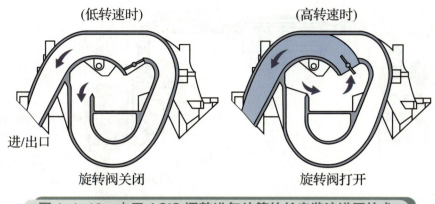

图 1-1-18 丰田 ACIS 调整进气歧管的长度谐波增压技术

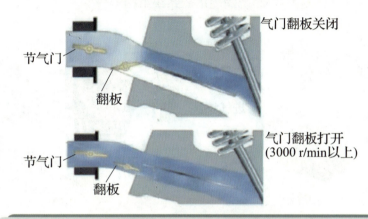

图 1-1-19 大众 EA888 调整进气歧管横截面谐波增压技术

结构：主要由进气管进气室、进气控制阀、真空驱动器等构成，如图 1-1-20 所示。

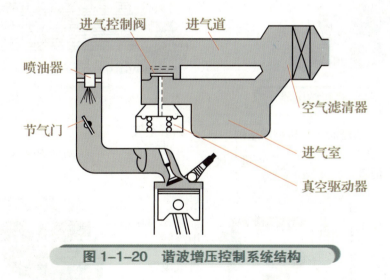

图 1-1-20 谐波增压控制系统结构

4）涡轮增压控制系统

功用：提高发动机进气密度，从而增大进气量，提高发动机的扭矩和功率。

结构：如图 1-1-21~ 图 1-1-23 所示，涡轮增压控制系统主要由涡轮增压器（见图 1-1-24）、中冷器（见图 1-1-25）、进气管等构成。双涡轮增压系统组成如图 1-1-26 所示。

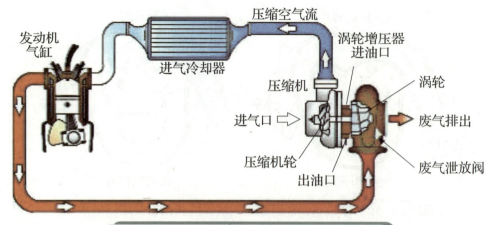

图 1-1-21 涡轮增压系统结构（一）

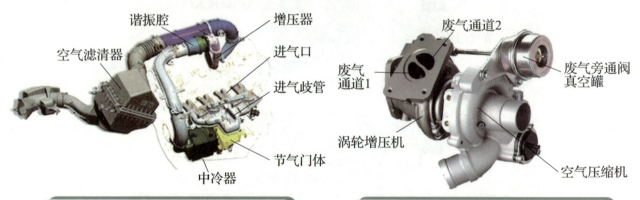

图 1-1-22 涡轮增压系统结构（二）　　　　图 1-1-23 涡轮增压器结构

图 1-1-24 涡轮增压器

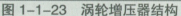

图 1-1-25 中冷器

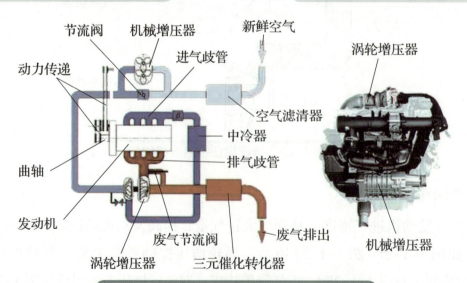

图 1-1-26 双涡轮增压系统组成

（二）任务实施

（1）准备工作：准备发动机电控系统挂图（见图1-1-27）、PPT课件、示教板（见图1-1-28）、实训台（见图1-1-29）。

（2）实施过程：观看发动机电控系统挂图、示教板、实训台，熟悉发动机电控系统的结构。

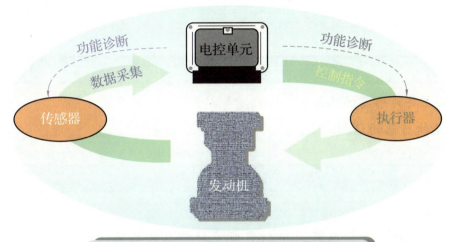

图1-1-27 发动机电控系统挂图

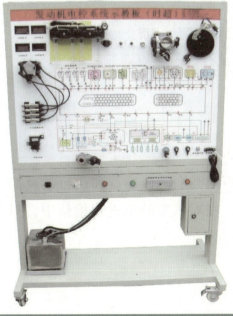

图1-1-28 发动机电控系统示教板

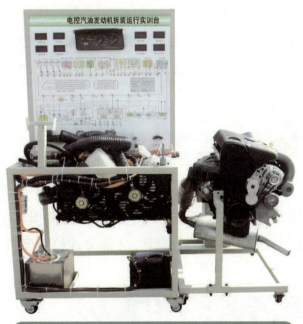

图1-1-29 发动机电控系统实训台

任务二 汽车发动机电控系统的部件认知

学习内容

1. 发动机主要传感器的认知。
2. ECU 及执行器的认知。

学习目标

1. 知识目标
（1）熟悉发动机主要传感器、ECU 及常见执行器的功用。
（2）熟悉发动机主要传感器、ECU 及常见执行器的安装位置。
2. 能力目标
（1）能描述发动机主要传感器、ECU 及常见执行器的功用。
（2）能在车上找出主要传感器、ECU 及常见执行器。

一、任务导入

现代汽车发动机上，安装了许多不同用途、不同类型的传感器和执行器及 ECU。在用车过程中，经常出现电控系统部件损坏的情况，在对汽车故障进行检修中，只有先认识发动机上安装的部件，才能完成检测及拆装任务。

二、任务实施

（一）传感器的识别

1. 收集资料

1）主控信号传感器

（1）曲轴位置传感器如图 1-2-1 所示。

功用：检测发动机曲轴转角和发动机转速信号，并把检测到的转角和转速信号（该信号是发动机主控信号）变成电信号输入ECU，ECU根据该信号确定发动机的点火时刻和喷油时刻。

种类：磁感应式曲轴位置传感器、霍尔式曲轴位置传感器、光电式曲轴位置传感器。其中，磁感应式曲轴位置传感器、霍尔式曲轴位置传感器应用较广泛。

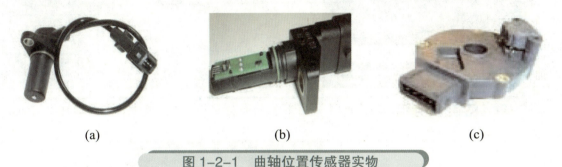

(a)　　　　　　　　　　(b)　　　　　　　　　　(c)

图 1-2-1　曲轴位置传感器实物

（a）磁感应式曲轴位置传感器；（b）霍尔式曲轴位置传感器；（c）光电式曲轴位置传感器

曲轴位置传感器的区分方法如下。

A. 看汽车发动机控制系统电气原理图：磁感应式曲轴位置传感器原理图上一般有线圈符号标识；霍尔式曲轴位置传感器原理图上一般有电子元件（三极管）符号标识。如图 1-2-2、图 1-2-3 所示。

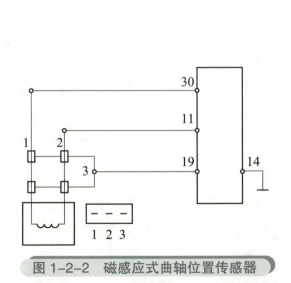

图 1-2-2　磁感应式曲轴位置传感器

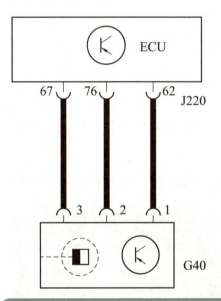

图 1-2-3　霍尔式曲轴位置传感器

B. 测量传感器连接端子电压：打开点火开关，不起动发动机，磁感应式曲轴位置传感器连接端子一般无电压显示；霍尔式曲轴位置传感器连接端子有 4.5~5.5 V 电压。

安装部位：装分电器内，如图 1-2-4 所示；装曲轴前端曲轴皮带轮旁边，如图 1-2-5 所示；装曲轴后端飞轮壳上或飞轮旁边的气缸体下部，如图 1-2-6 所示。

图 1-2-4 装分电器内的曲轴位置传感器

图 1-2-5 卡罗拉轿车皮带轮旁的曲轴位置传感器

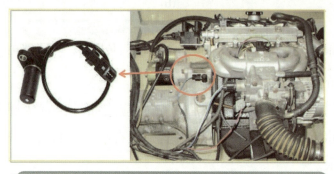

图 1-2-6 五菱车飞轮壳上的曲轴位置传感器

（2）凸轮轴位置传感器。

功用：检测配气凸轮轴的位置信号，并将检测到的信号转换成电信号输入ECU，ECU根据该信号识别一缸和其余各缸压缩上止点位置，实现对各缸喷油正时、点火正时的控制。

种类：磁感应式凸轮轴位置传感器、霍尔式凸轮轴位置传感器、光电式凸轮轴位置传感器。

安装部位：配气凸轮轴正时皮带轮前、后端附近缸盖罩上，如图1-2-7~图1-2-9所示。

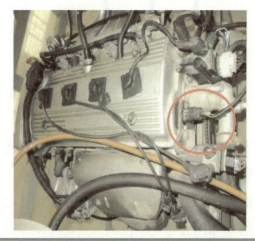

图 1-2-7 花冠车凸轮轴位置传感器位置

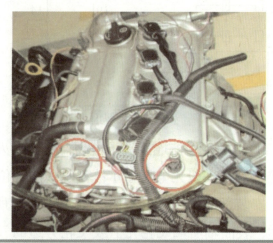

图 1-2-8 卡罗拉轿车凸轮轴位置传感器位置

图 1-2-9　大众车发动机凸轮轴位置（相位）传感器安装位置

（3）空气流量传感器，又称空气流量计。

功用：检测进气管的空气进气量，并将进气量信息转换成电信号输入发动机 ECU，ECU 根据该信号确定发动机基本喷油量和点火正时。

安装位置：安装在空气滤清器与节气门体之间的进气软管上，如图 1-2-10 所示。

种类：翼片式空气流量传感器，已经基本淘汰；热线式空气流量传感器，如图 1-2-11 所示，应用在别克、日产、沃尔沃、福特等车型上；热膜式空气流量传感器，如图 1-2-12 所示，应用在大众时代超人等车型上；卡门旋涡式空气流量传感器，如图 1-2-13 所示，应用在雷克萨斯、三菱等车型上。

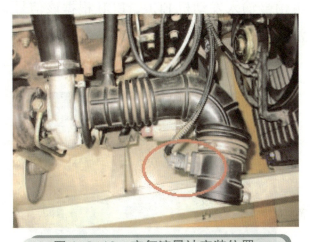

图 1-2-10　空气流量计安装位置

图 1-2-11　热线式空气流量传感器　　　图 1-2-12　热膜式空气流量传感器

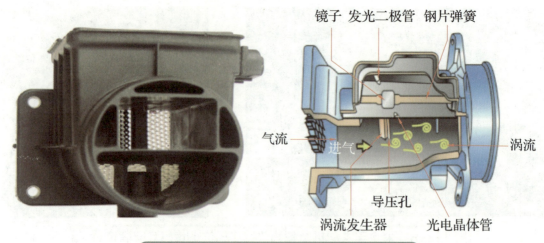

图 1-2-13　卡门旋涡式空气流量传感器

（4）进气歧管绝对压力传感器，简称进气压力传感器。

功用：在发动机工作时，检测发动机进气歧管内的压力，将检测到的压力信号转换成电信号输入发动机 ECU，ECU 根据该信号确定发动机的负荷状况，以便确定发动机的喷油量。

安装位置：安装在进气歧管上，如图 1-2-14~ 图 1-2-17 所示。

图 1-2-14　花冠车进气压力传感器位置

图 1-2-15　比亚迪 F3 进气压力传感器位置

图 1-2-16　雪铁龙轿车进气压力传感器位置

图 1-2-17　五菱车进气压力传感器位置

种类：可变电阻式进气压力传感器、压敏电阻式进气压力传感器（见图 1-2-18）、电容式进气压力传感器（见图 1-2-19）、膜盒式进气压力传感器等。其中，压敏电阻式进气压力传感器由于尺寸小、成本低、响应快、精度高、抗振性好等优点，应用最广泛。

图 1-2-18　压敏电阻式进气压力传感器

图 1-2-19　电容式进气压力传感器

（5）节气门位置传感器。

功用：检测节气门的开度，将检测到的节气门开度信号转换成电信号输入发动机 ECU，ECU 根据该信号判别发动机的工况，控制燃油喷射量、点火正时、废气再循环、空调、怠速及自动变速器换挡等功能和参数。

安装位置：安装在节气门体的侧面，如图 1-2-20、图 1-2-21 所示。

图 1-2-20　五菱车节气门位置传感器位置

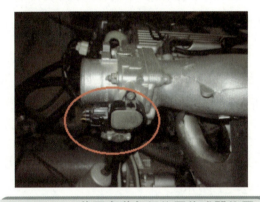

图 1-2-21　花冠车节气门位置传感器位置

种类：开关触点式节气门位置传感器，现代汽车已不用；滑线电阻式节气门位置传感器，三线，如图 1-2-22 所示；综合式节气门位置传感器（触点式+滑线电阻式），四线，如图 1-2-23 所示。

如今大部分中、高级轿车的节气门位置传感器与怠速电动机及怠速触点装在节气门体上，构成电子节气门总成，如图 1-2-24 所示。

图 1-2-22　滑线电阻式节气门位置传感器

图 1-2-23　综合式节气门位置传感器

图 1-2-24 电子节气门总成

2）修正信号传感器

（1）进气温度传感器。

功用：用来检测发动机的进气温度，将检测到的温度信号转换成电信号输入发动机ECU，ECU根据该信号对发动机喷油量、点火正时、加速增油、废气再循环等控制进行修正。

安装位置：安装在进气管上，如图1-2-25所示；与进气压力传感器合装在一起（如五菱发动机），如图1-2-26所示；与空气流量传感器合装在一起（如卡罗拉轿车），如图1-2-27所示。

图 1-2-25 安装进气管上的进气温度传感器

图 1-2-26 进气温度、进气压力传感器

图 1-2-27 进气温度、空气流量传感器

（2）冷却液温度传感器。

功用：用来检测发动机冷却液温度，并将检测到的冷却液温度信号转换成电信号输入发动机ECU，ECU根据该信号对喷油量、点火正时、废气再循环、怠速等控制进行修正。

安装位置：安装在发动机冷却液管路上大多数装在节温器、水泵附近，如图1-2-28~图1-2-30所示。

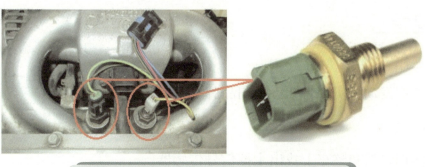

图 1-2-28 五菱车冷却液温度传感器

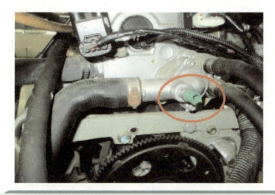

图 1-2-29 花冠车冷却液温度传感器

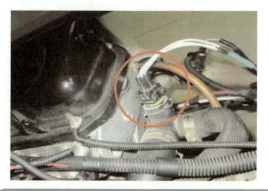

图 1-2-30 大众车冷却液温度传感器

（3）氧传感器。

功用：用来检测发动机排放废气中的含氧量，将检测到的含氧量信号转换成电信号输入发动机 ECU，ECU 根据该信号对喷油量进行修正，实现空燃比反馈控制，将空燃比控制在 14.7 左右，使发动机获得最佳的混合气，降低有害气体排放。

安装位置：安装在排气管上，如图 1-2-31 所示。

图 1-2-31 氧传感器安装位置

（4）爆震传感器。

功用：用于检测发动机产生的爆震，把检测到的爆震信号转换成电信号输入发动机 ECU，ECU 根据该信号对点火正时进行修正，推迟点火以减小发动机的爆震。

安装位置：安装在发动机气缸体侧面的中部、上部，如图 1-2-32、图 1-2-33 所示。

图 1-2-32 爆震传感器安装位置（一）

图 1-2-33 爆震传感器安装位置（二）

2. 实施过程

1）准备工作

准备不同类型发动机实训台架、不同品牌整车、手电筒。

2）实施过程

在发动机实训台架和整车上找出主控信号传感器。

在发动机实训台架和整车上找出修正信号传感器。

（二）ECU 的识别

1. 收集资料

ECU 的功用：根据内存的程序，对发动机各种开关、传感器输入的信息进行判断、计算、处理，然后输出指令，控制有关执行器动作，达到快速、准确、自动控制发动机工作的目的。

ECU 的基本功能：

（1）接收传感器和其他装置输入的信息，给传感器提供 5 V、9 V、12 V 的基准电压，并将输入的信息转变为微机能接收的信号。

（2）存储、计算、分析处理信息；计算输出值所用的程序；存储该车型的参数；存储运算中的数据及故障信息。

（3）根据信息参数求出执行命令数值；将输出的信息与标准值比较，查出故障。

（4）输出执行命令；输出故障信息。

（5）自我修正。

ECU 的安装位置：一般安装在发动机舱内的蓄电池旁边或驾驶室汽车音响后下方，或杂物箱旁翼子板内。ECU 安装位置示例如图 1-2-34、图 1-2-35 所示。

图 1-2-34　大众捷达轿车 ECU 安装位置

图 1-2-35 雪佛兰科鲁兹轿车 ECU 安装位置

2. 任务实施

1）准备工作

准备五菱、比亚迪、卡罗拉、大众、雪铁龙等常见的整车数辆。

2）实施过程

分小组在整车上找出发动机 ECU。

（三）执行器的识别

1. 收集资料

1）怠速控制阀（又称怠速阀、怠速电动机）

功用：怠速工况下，通过控制怠速步进电动机开大或关小节气门旁通道（怠速空气量孔）来控制怠速空气进气量，从而控制发动机怠速，缩短发动机暖机时间，避免车辆低速转向、开起空调、换挡时发动机熄火，并保证发动机在各种负荷下的怠速稳定。

安装部位：安装在节气门体的侧面或底部，如图 1-2-36、图 1-2-37 所示。

图 1-2-36 五菱车怠速控制阀安装位置

图 1-2-37 花冠车怠速控制阀安装位置

类型：常见的有步进电动机式怠速阀，如图1-2-38所示；旋转滑阀式怠速阀，如图1-2-39所示。

图1-2-38　步进电动机式怠速阀

图1-2-39　旋转滑阀式怠速阀

2）点火模块（又称点火控制器）

点火模块如图1-2-40所示。

功用：接通或断开点火线圈初级绕组的电流，使次级绕组产生感应电动势。

安装位置：点火线圈旁或点火线圈内部（见图1-2-41），一部分装在发动机ECU内。

图1-2-40　点火模块实物

图1-2-41　带点火模块的点火线圈

3）活性炭罐电磁阀

活性炭罐电磁阀实物如图1-2-42所示。

功用：控制燃油箱燃油蒸气适时、定量排入进气歧管进入气缸燃烧，以节省燃油，降低燃油蒸气的排放污染。

安装位置：直接安装在进气歧管上；或安装在进气歧管附近，用一根橡胶软管与进气歧管相连。如图1-2-43、图1-2-44所示。

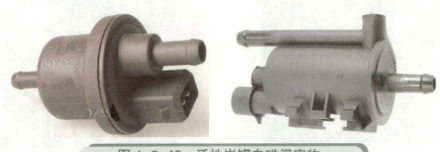

图1-2-42　活性炭罐电磁阀实物

项目一 汽车发动机电控系统的总体结构及部件认知

图 1-2-43 爱丽舍轿车炭罐电磁阀

图 1-2-44 比亚迪 F3 炭罐电磁阀

4)废气再循环控制(EGR)阀

EGR 阀如图 1-2-45 所示。

功用:在发动机中、小负荷,中、高速工况下,将少量燃烧后的废气送回燃烧室,使混合气变稀,降低点火燃烧时的燃烧温度,减少燃烧废气中的 NO_x 的排放量,降低污染。

图 1-2-45 废气再循环控制阀实物

安装位置:安装在发动机进气歧管旁边,如图 1-2-46、图 1-2-47 所示。

图 1-2-46 比亚迪轿车 EGR 阀安装位置

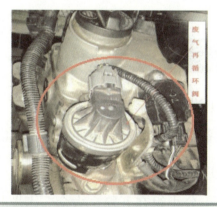

图 1-2-47 雪弗兰轿车 EGR 阀安装位置

5)喷油器

喷油器如图 1-2-48 所示。

功用:根据发动机 ECU 发出的喷油指令,将具有一定压力、计算精确的燃油喷入进气门附近的进气歧管内。

安装位置:缸外直喷系统安装在进气歧管

图 1-2-48 喷油器实物

进气门上方,如图 1-2-49 所示;缸内直喷系统安装在进气门旁的缸盖上。

类型:按喷口形式不同,分为孔式喷油器和轴针式喷油器;按电磁线圈电阻不同,分为低阻喷油器(2~4 Ω)和高阻(12~18 Ω)喷油器。

6)电动燃油泵

电动燃油泵如图 1-2-50 所示。

功用:把燃油从燃油箱中吸出、加压后输送到供油管中,和燃油压力调节器配合建立一定的燃油压力,并保证向喷油嘴供应持续的燃油。

安装位置:燃油箱内,如图 1-2-51 所示。

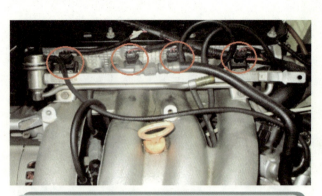

图 1-2-49 喷油器安装位置

图 1-2-50 电动燃油泵实物

图 1-2-51 电动油泵安装位置

二、任务实施

1)准备工作

准备汽车发动机台架、整车、手电筒。

2)实施过程

(1)分小组在五菱、大众、卡罗拉、雪铁龙汽车发动机台架上找出怠速阀、喷油器、电动油泵、炭罐电磁阀、废气再循环阀。

(2)分小组在五菱、大众、卡罗拉、雪铁龙汽车上找出怠速阀、喷油器、电动油泵、炭罐电磁阀、废气再循环阀。

项目二
汽车发动机电控系统部件检测

任务一　曲轴与凸轮轴位置传感器的检测

学习内容

1. 曲轴与凸轮轴位置传感器电阻的检测，搭铁性能检测和线束导通性的检测。
2. 曲轴与凸轮轴位置传感器电压的检测。

学习目标

1. 知识目标
（1）熟悉曲轴与凸轮轴位置传感器电阻参数和电压参数。
（2）学会测量曲轴与凸轮轴位置传感器电阻和电压的方法。
2. 能力目标
（1）能正确使用检测仪器。
（2）能正确检测曲轴与凸轮轴位置传感器电阻和电压。
（3）能根据检测参数判断曲轴与凸轮轴位置传感器性能。

一、任务导入

汽车在使用过程中,曲轴位置传感器或其线路损坏,发动机会出现以下故障:无法起动,动力下降,容易熄火,怠速不稳。

凸轮轴位置传感器或其本身线路损坏,发动机会出现以下故障:容易熄火,动力下降,起动困难。

作为汽车维修及管理人员,必须了解、熟悉曲轴和凸轮轴位置传感器结构及原理,会检测传感器及传感器线路,才能准确判断传感器及其线路故障

二、任务实施

(一)收集资料

部件性能判断方法有万用表检测、动作测试、换件试车等。其中,万用表检测包括部件检测、线束检测,动作测试包括蓄电池直接通电测试、解码仪动作测试。

1. 曲轴与凸轮轴位置传感器的结构与工作原理

1)磁感应式曲轴和凸轮轴位置传感器的结构与工作原理

(1)结构:磁感应式曲轴位置传感器由转子和定子两大部分构成,如图2-1-1所示。

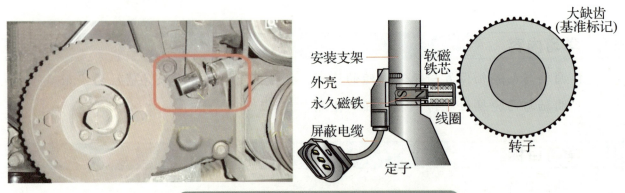

图2-1-1 磁感应式曲轴位置传感器的结构

转子(信号轮):固定在分电器轴或曲轴上,部分发动机转子由发动机飞轮充当,随发动机曲轴一起转动,转子上有4个或24个信号齿,每转过一个信号齿,曲轴转动90°或15°,以此可以依据传感器转子转过的齿数来判断曲轴转动的位置和转速。

定子:固定在发动机机体上,定子由线圈、铁芯、永久磁铁组成,转子与定子之间的空气间隙为0.2~0.4mm,使用中不能随意变动。

（2）工作原理：如图 2-1-2 所示，当转子旋转时，永久磁铁的磁力线、磁路中的气隙周期性地产生变化，磁路的磁阻和穿过线圈磁头的磁通量随之发生周期性变化。根据电磁感应原理，传感线圈产生交变电动势。

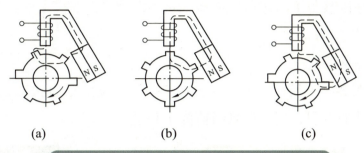

图 2-1-2　磁感应式传感器的工作原理图

（3）电气原理图，如图 2-1-3 所示。

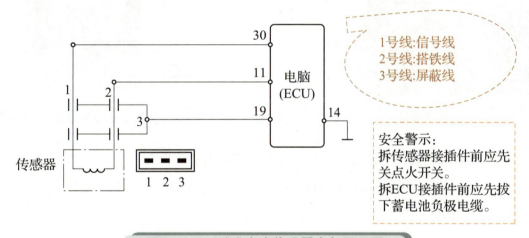

1号线：信号线
2号线：搭铁线
3号线：屏蔽线

安全警示：
拆传感器接插件前应先关点火开关。
拆ECU接插件前应先拔下蓄电池负极电缆。

图 2-1-3　磁感应式传感器电气原理图

（4）磁感应式传感器的万用表检测。

检测内容：传感器电阻、信号电压、线束导通性。

①测传感器电阻。

检测方法：如图 2-1-4 所示。

参数范围：正常为 0.5~3 kΩ。

检测条件：拆下传感器。

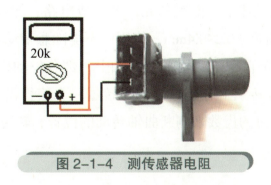

图 2-1-4　测传感器电阻

②测信号电压。

检测方法：如图 2-1-5 所示。

检测参数：在 0.3~3 V 之间。

检测条件：装好传感器接插件和传感器，起动发动机。

③测线束导通性。

万用表挡位：蜂鸣挡。

测量方法：如图 2-1-6 所示。测量 1—5、2—17，应呈导通状态；插好 ECU 接插件，测搭铁端子 2 与车体的电阻，应导通且阻值为 1 Ω 左右。

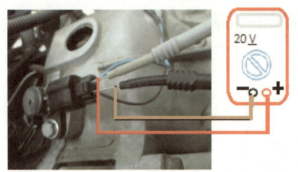

图 2-1-5　测五菱车曲轴位置传感器电压

图 2-1-6　测五菱车传感器线束导通性

2）霍尔式曲轴与凸轮轴位置传感器的结构与工作原理

（1）结构：霍尔式曲轴和凸轮轴位置传感器都是由定子和转子两部分构成，如图 2-1-7~ 图 2-1-9 所示。

图 2-1-7　霍尔传感器定子

图 2-1-8　霍尔传感器转子和定子

定子：固定在发动机机体上，由霍尔元件及集成电路、导磁钢片、永久磁铁等组成。转子与定子之间的空气间隙为 0.2~0.4mm，使用中不能随意变动。

转子（信号轮）：固定在配气凸轮轴或曲轴上，部分发动机转子由发动机飞轮充当，随发动机曲轴一起转动。转子上有信号齿，每转过一个信号齿，曲轴转动一定角度，以此可以依据传感器转子转过的齿数来判断曲轴转动的位置和转速。

图 2-1-9　霍尔式凸轮轴位置传感器内部结构及外形

（2）工作原理：如图 2-1-10 所示，当隔板（叶片）进入霍尔元件气隙时，霍尔元件不产生电压，传感器输出 5 V 的高信号电压；当隔板（叶片）离开霍尔元件气隙时，霍尔元件产生电压，传感器输出 0.1 V 的低信号电压。

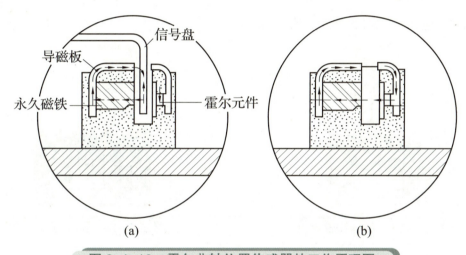

图 2-1-10　霍尔曲轴位置传感器的工作原理图
（a）叶片进入气隙；（b）叶片进入气隙

（3）电气原理图及连接线的区分如图 2-1-11 所示。

1 号线：电源线（电压应为 5 V 或 12 V）。

2 号线：信号线（电压应在 0.1~4.5 V 范围内变化）。

3 号线：搭铁线（搭铁线电阻应在 1 Ω 以下）。

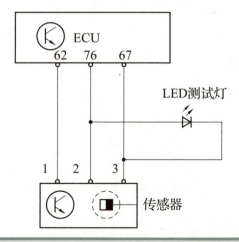

图 2-1-11　霍尔曲轴位置传感器原理图

（4）霍尔式曲轴位置传感器的万用表检测内容：测搭铁性能、基准电压、信号电压、线束导通性。

① 测搭铁性能。

检测条件：拔下传感器接插件。

检测方法：如图 2-1-12 所示。

参数范围：电阻值应在 1 Ω 以下。

② 测基准电压。

检测条件：拔下传感器接插件，打开点火开关。

检测方法：如图 2-1-13 所示。

参数范围：电压应为 4.5~5.5 V 或 9~12 V。

图 2-1-12 测搭铁性能

图 2-1-13 测基准电压

③ 测信号电压。

检测条件：插好传感器接插件，发动机怠速、中速、高速运转。

检测方法：如图 2-1-14 所示。

参数：电压应在 0.1~4.5 V 范围内变化（标准参数参考该车型维修手册）。

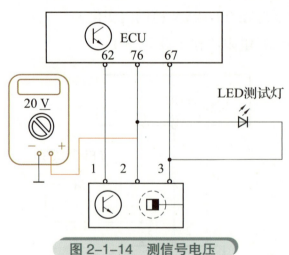

图 2-1-14 测信号电压

④ 测线束导通性。

检测条件：拔下传感器接插件和 ECU 接插件。

万用表挡位：蜂鸣挡。

测量方法：与磁感应式传感器相同。

参数范围：电阻值应在 1 Ω 以下。

（二）任务实施

1）准备工作

准备五菱车或卡罗拉、大众、雪铁龙汽车，手电筒、维修手册、常用工具、车轮挡块、翼子板布。

2）实施过程

（1）安放车轮挡块、翼子板布、前格栅布，换挡杆置于 P 或 N 位置。

（2）检测磁感应式曲轴或凸轮轴位置传感器，测量传感器信号电压、电阻、线束导通性、搭铁性能，测量参数填写在表 2-1-1 中。

表 2-1-1　磁感应式曲轴或凸轮轴位置传感器检测参数记录表

检测车型	检测内容	检测条件	检测参数	性能判断
	信号电压	起动发动机		
	传感器电阻	拔下接插件		
	线束导通性			
	搭铁性能			

（3）检测霍尔式曲轴或凸轮轴位置传感器，测量传感器工作电压、电阻、线束导通性、搭铁性能，测量参数填写在表 2-1-2 中。

表 2-1-2　霍尔式曲轴或凸轮轴位置传感器检测参数记录表

检测车型	检测内容	检测条件	检测参数	性能判断
	信号电压	起动发动机		
	基准电压	拔下传感器接插件 打开点火开关		
	传感器电阻	拔下传感器接插件		
	线束导通性	拔下传感器、ECU 接插件		
	搭铁性能			

任务二 空气流量计的检测

> **学习内容**

1. 空气流量计信号电压、电源电压的检测。
2. 空气流量计连接导线的检测。

> **学习目标**

1. 知识目标
（1）熟悉空气流量计的电压参数。
（2）学会测量空气流量计信号电压、电源电压的方法。
2. 能力目标
（1）能正确使用检测仪器。
（2）能正确检测空气流量计信号电压、电源电压。
（3）能根据检测参数判断空气流量计性能。

一、任务导入

汽车在日常使用中，会遇到空气流量计或其本身线路损坏的情况。空气流量计或其线路损坏，会产生以下故障：起动困难，怠速不稳，加速不良，容易熄火，燃油超耗，排气管冒黑烟。

作为汽车维修或管理人员，应了解及熟悉空气流量计的结构、原理，会检测流量计及其线路，才能判断空气流量计或其线路故障，完成汽车检修任务。

二、任务实施

（一）收集资料

1. 热线式空气流量计（MAF）（空气流量传感器）

1) 热线式空气流量计的结构与工作原理

结构：如图 2-2-1 所示，热线式空气流量计由金属防护网、测试管、铂热丝、温度补偿电阻等构成。

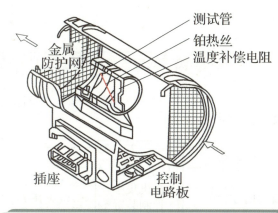

图 2-2-1 热线式空气流量传感器结构

工作原理：如图 2-2-2 所示，在热线式空气流量计电路中，热线式惠斯登桥式电路的一部分，功率放大器给电桥 4 个臂供电，使电桥保持平衡。当空气进入流量计热丝周围，使热丝温度下降，阻值减小，使电流失去平衡，此时放大器自动增加供给热丝电流，使热丝恢复原来的温度和电阻值，电桥恢复平衡。放大器增加的电流大小取决于热丝被冷却的程度，即取决于通过流量计的空气流速。由于电流增加，精确电阻的电压降也增加，这就将电流变化转换成电压的变化，发动机 ECU 根据电压的变化计算出进入气缸的空气量。

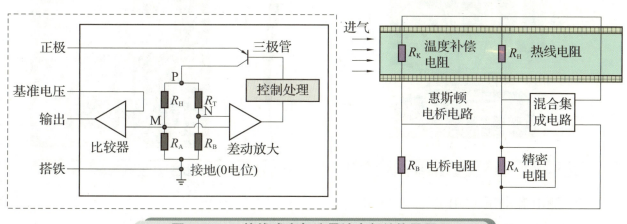

图 2-2-2 热线式空气流量计内部结构及原理

电路原理图：以卡罗拉、日产轿车为例，二者电路原理图分别如图 2-2-3、图 2-2-4 所示。

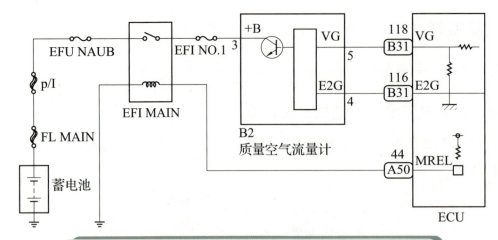

图 2-2-3　卡罗拉轿车热线式空气流量计与 ECU 连接电路

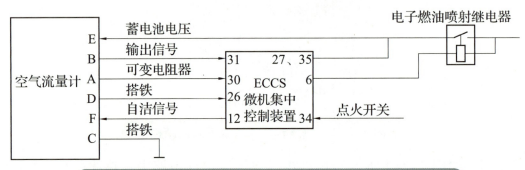

图 2-2-4　日产轿车热线式空气流量计与 ECU 连接电路

自洁功能：发动机转速超过 1500 r/min，关闭点火开关使发动机熄火后，控制系统自动将热线电阻器加热到 1000 ℃以上并保持 1s，以粉碎热线上的粉尘，确保检测精度。

2）热线式空气流量计的检测

以卡罗拉轿车为例，如图 2-2-5、图 2-2-6 所示。

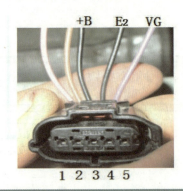

图 2-2-5　空气流量计接插件端子

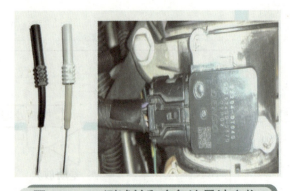

图 2-2-6　测试针和空气流量计实物

（1）测电源电压（+B）。

检测条件：拔下流量计接插件，打开点火开关。

万用表量程：直流 20 V。

检测方法：如图 2-2-7 所示。

测试范围：+B 电压应在 11.5 V 以上。

（2）测信号电压（VG）。

检测条件：灰测试针插入空气流量计 VG 插孔，黑测试针插入 E2，如图 2-2-8 所示，起动发动机。

万用表量程：直流 20 V。

检测方法：红表笔接灰测试针，黑笔接黑测试针。

测试范围：VG 电压应为 1.1~3.5 V，其中不起动发动机时应为 1~1.5 V，怠速时应为 2.2~2.5 V，中速时应为 3.3~3.5 V。

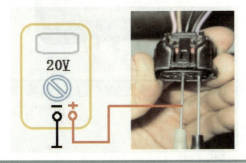

图 2-2-7 检测空气流量计电源电压

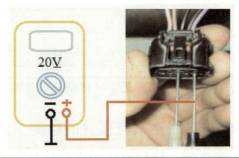

图 2-2-8 检测空气流量计信号电压

（3）测连接导线。

①传感器与 ECU 之间的连接线：测 2 与 26，3 与 2，应呈导通状态。

②搭铁线：插好 ECU 接插件，测搭铁线 2 脚与车体应导通且电阻值在 1 Ω 左右。

2. 热膜式空气流量计

1）热膜式空气流量计的结构与工作原理

结构：由导流格栅、滤网、混合电路盒、热膜、温度补偿电阻、插头等构成，如图 2-2-9 所示。

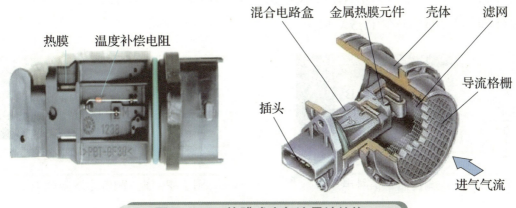

图 2-2-9 热膜式空气流量计结构

工作原理：与热线式空气流量计基本相同，只是把热线改成热膜。该结构不直接承受空气流动所产生的作用力，因而提高了空气流量计的可靠性。

2）电路原理图

以大众时代超人为例，热膜式空气流量计电路图、接插件分别如图2-2-10、图2-2-11所示。

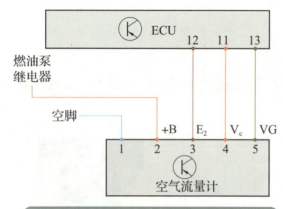

图2-2-10　热膜式空气流量计电路图

图2-2-11　热膜式空气流量计接插件

3）热膜式空气流量计的检测（以大众时代超人为例）

检测内容：信号电压、电源电压、线束电阻、搭铁性能。

（1）测信号电压（VG）。

检测条件：测试针插入传感器接线端子5孔，起动发动机。

万用表量程：直流20 V。

测量方法：红表笔接5孔测试针，黑表笔搭铁，如图2-2-12所示。

参数范围：VG随发动机转速变化，在1.1~3.5 V范围内变化。

（2）测电源电压（+B）。

检测条件：拔下流量计接插件，打开点火开关。

万用表量程：直流20 V。

测量方法：如图2-2-13所示，红表笔接2脚+B端子，黑表笔搭铁。

参数范围：+B电压应在11.5 V以上。

图2-2-12　测传感器信号电压

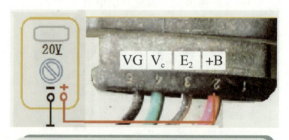

图2-2-13　测传感器电源电压

(3)测基准电压（V_c）。

检测条件：拔下流量计接插件，打开点火开关。

万用表量程：直流20 V。

测量方法：如图2-2-14所示，红表笔接4脚V_c端子，黑表笔搭铁。

参数范围：V_c应为5 V。

(4)测搭铁性能。

测量方法如图2-2-15所示，搭铁线与车体应导通，且电阻在1 Ω以下。

(5)测线束电阻。

用万用表测流量计与ECU之间的线束导线应导通，且电阻在1 Ω以下。

图2-2-14 测基准（Vc）电压

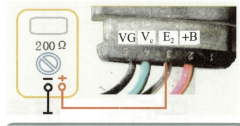

图2-2-15 测传感器搭铁线性能

（二）任务实施

1）准备工作

准备卡罗拉、大众时代超人、日产轿车发动机台架及或整车，手电筒、万用表、常用工具、车轮挡块。

2）实施过程

(1)安放车轮挡块、翼子板布。

(2)检测热线式空气流量计信号电压、电源电压、线束电阻、搭铁性能，检测参数写在参数记录表2-2-1中。

表2-2-1 热线式空气流量计检测参数记录表

检测车型	检测内容	检测条件	检测参数	性能判断
	信号电压	起动发动机		
	电源电压	拔下传感器接插件，打开点火开关		
	传感器电阻	拔下传感器接插件		
	线束电阻	拔下传感器、ECU接插件		
	搭铁性能	拔下传感器接插件		

（3）检测热膜式空气流量计信号电压、电源电压、线束电阻、搭铁性能，检测参数写在参数记录表2-2-2中。

表2-2-2 热线式空气流量计检测参数记录表

检测车型	检测内容	检测条件	检测参数	性能判断
	信号电压	起动发动机		
	电源电压	拔下传感器接插件，打开点火开关		
	传感器电阻	拔下传感器接插件		
	线束电阻	拔下传感器、ECU接插件		
	搭铁性能	拔下传感器接插件		

任务三 进气压力传感器的检测

学习内容 →

1. 进气压力传感器信号电压、基准电压的检测。
2. 进气压力传感器线束电阻的检测、搭铁性能检测。

学习目标 →

1. 知识目标
（1）熟悉进气压力传感器的电压参数。
（2）学会测量进气压力传感器信号电压、基准电压的方法。
2. 能力目标
（1）能正确使用检测仪器。
（2）能正确检测进气压力传感器信号电压、基准电压。
（3）能根据检测参数判断进气压力传感器性能。

一、任务导入

汽车发动机进气压力传感器损坏，发动机会出现以下故障：起动困难，怠速不稳，加速不良，容易熄火，燃油超耗，排气管冒黑烟。

作为汽车维修或管理人员，应了解及熟悉进气压力传感器的结构、原理，学会检测传感器及其线路，才能判断进气压力传感器或其线路故障，完成汽车检修任务。

二、任务实施

（一）收集资料

1. 进气压力传感器（MAP）的结构与工作原理

（1）结构：由压力转换元件、混合集成（IC）电路等构成，如图2-3-1所示。

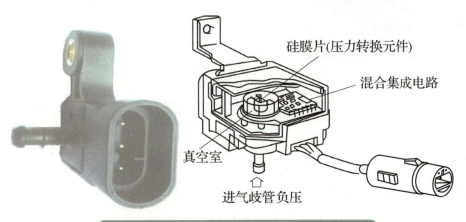

图2-3-1 压敏电阻式进气压力传感器结构

（2）工作原理：如图2-3-2所示，封装在真空室内的硅膜片，一侧受进气压力的作用，另一侧是真空，所以在进气歧管压力发生变化时，硅膜片产生变形，扩散在硅膜片上的电阻阻值改变，惠斯顿电桥将硅膜片的变形变成电信号，导致输出电压发生变化。集成电路将这一电压放大处理，作为进气歧管压力信号送给ECU。ECU根据该输入信号电压高低值，确定发动机实际进气量，进而控制喷油量。

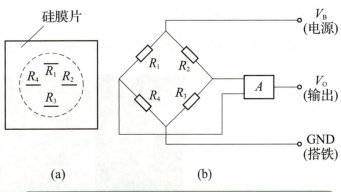

图2-3-2 压敏电阻式进气压力传感器工作原理图
（a）硅膜片；（b）电路示意图

（3）进气压力传感器电路原理图：如图 2-3-3、图 2-3-4 所示。

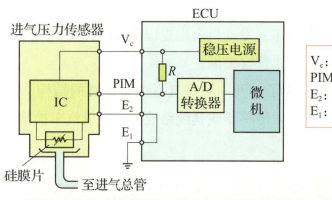

图 2-3-3　一汽花冠轿车三线进气压力传感器与 ECU 连接电路

进气压力与温度传感器实

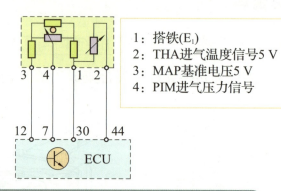

图 2-3-4　雪铁龙轿车四线进气压力传感器与 ECU 连接电路

2. 进气压力传感器的检测（以雪铁龙爱丽舍轿车为例）

检测内容：信号电压、基准电压、线束电阻、搭铁性能。

（1）测信号电压（PIM—E_2）。

检测条件：打开点火开关、起动发动机后怠速、中速运转。

万用表量程：直流 20 V。

测量方法：如图 2-3-5 所示。

参数范围：不起动发动机时应为 4.1~4.5 V，怠速时应为 1.4~1.8 V，中速时应为 2~2.5 V。

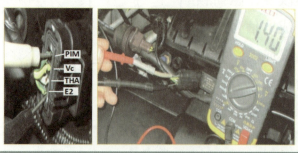

图 2-3-5　雪铁龙轿车进气压力传感器信号电压的测量

（2）测基准电压（V_c）。

检测条件：拔下传感器接插件，打开点火开关。

万用表量程：直流 20 V。

检测方法：如图 2-3-6 所示。

参数范围：V_c 应为 5 V。

图 2-3-6　雪铁龙轿车进气压力传感器电源电压的测量

（3）测线束电阻、搭铁性能。

①测传感器与 ECU 之间的连接线：测 V_c、PIM、E_2，应导通且阻值在 1 Ω 以下。

②测搭铁性能：插好 ECU 接插件，测搭铁线 E_2 与车体电阻，应导通且电阻值在 1 Ω 以下。

（二）任务实施

1）准备工作

准备花冠、比亚迪、五菱、雪铁龙整车或实训台架，手电筒、万用表、常用工具、防护三件套。

2）实施过程

（1）两人一小组，分工配合安放车轮挡块、翼子板布、前格栅布。

（2）两人配合，测量进气压力传感器信号电压、电源电压、传感器搭铁线电阻，检测参数填写在表 2-3-1 中。

表 2-3-1　进气压力传感器检测参数记录表

检测车型	检测内容	检测条件	检测参数	性能判断
	信号电压	起动发动机		
	基准电压	拔下传感器接插件，打开点火开关		
	传感器电阻	拔下传感器接插件		
	线束电阻	拔下传感器、ECU 接插件		
	搭铁性能	拔下传感器接插件		

任务四　节气门位置传感器的检测

学习内容

1. 节气门位置传感器信号电压、基准电压的检测。
2. 节气门位置传感器线束电阻的检测、搭铁性能的检测。

学习目标

1. 知识目标
（1）熟悉节气门位置传感器的电压参数。
（2）学会测量节气门位置传感器信号电压、基准电压的方法。
2. 能力目标
（1）能正确使用检测仪器。
（2）能正确检测节气门位置传感器信号电压、基准电压。
（3）能根据检测参数判断节气门位置传感器性能。

一、任务导入

汽车在使用中，若节气门位置传感器损坏，发动机容易出现以下故障：起动困难；怠速不稳；加速不良；容易熄火；行车时，车辆前、后闯动；自动变速器不好换挡；不踩油门踏板不好起动发动机。

要完成节气门位置传感器故障诊断任务，应了解、熟悉节气门位置传感器的结构、原理，学会传感器及其线路的检测方法。

二、任务实施

（一）收集资料

节气门位置传感器有滑线电阻式节气门位置传感器和电子节气门。微型客车和低级轿车一般用滑线电阻式节气门位置传感器，中、高级轿车大多用电子节气门。

滑线电阻式节气门位置传感器：有三线和四线两种。

电子节气门：大众系列车型部分带怠速开关，大部分轿车不带怠速开关。

1. 滑线电阻式节气门位置传感器（TP）的结构与工作原理

（1）结构：由滑动触点、电阻器、输出端子等构成，如图2-4-1所示。

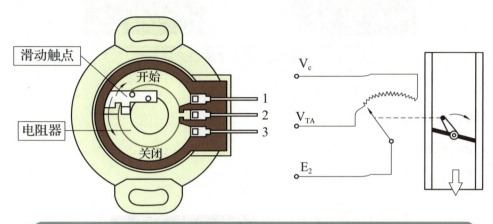

图2-4-1 三线滑线电阻式节气门位置传感器结构与电气原理图

（2）工作原理：如图2-4-2所示，节气门位置传感器是一个电位计，随着节气门位置的改变，滑动触点在电阻器上滑动的位置不同，节气门位置传感器输出的电压信号也发生变化，发动机ECU的该信号电压调整喷油脉宽（喷油时间），实现喷油量的增加与减少，同时在急减速时停止喷油。

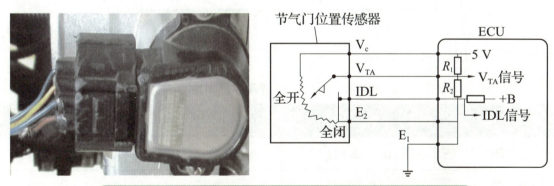

图2-4-2 四线综合式节气门位置传感器实物及电气原理图

四线节气门位置传感器在三线节气门位置传感器的基础上增加了一个怠速开关。增加此开关是为了提高发动机在怠速位置时的测量精度。在节气门全闭时，怠速触点IDL与E_2接通，端子电位下降，给ECU提供一个辅助信号。

2. 滑线电阻式节气门位置传感器的检测

检测内容：V_{TA}、IDL、V_C电压；V_{TA}—E_2、IDL—E_2、V_C—E_2电阻；线束电阻、搭铁性能。

如图 2-4-3 所示。

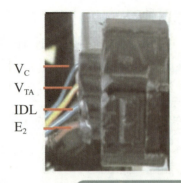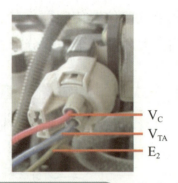

图 2-4-3 节气门位置传感器连接导线

（1）测 V_{TA}、V_C、IDL 与 E_2 之间的电阻。

检测条件：改变节气门开度。

万用表量程：200 Ω。

检测方法：如图 2-4-4 所示。

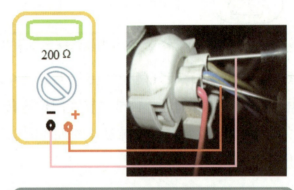

图 2-4-4 TP 传感器电阻测量

参数范围：如表 2-4-1 所示。

表 2-4-1 节气门位置传感器电阻参数

节气门开度	V_{TA}—E_2	IDL—E_2	V_C—E_2
全关闭	0.2~0.8 kΩ	1 Ω 左右	固定值
全打开	2.8~6 kΩ	接近 0	固定值
从关到全打开	阻值逐渐增大	接近 0	固定值

（2）测基准电压（V_C）。

检测条件：拔下传感器接插件，打开点火开关。

万用表量程：直流 20 V。

检测方法：如图 2-4-5 所示。

参数范围：5~5.5 V。

（3）测信号电压（V_{TA}）。

检测条件：接好传感器接插件，打开点火开关，改变节气门开度。

万用表量程：直流 20 V。

检测方法：如图 2-4-6 所示。

参数范围：如表 2-4-2 所示。

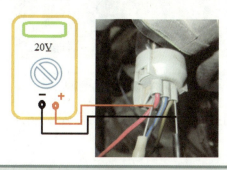

图 2-4-5　节气门位置传感器基准电压的检测　　图 2-4-6　节气门位置传感器信号电压的检测

表 2-4-2　气门位置传感器信号电压参考值

节气门开度	V_{TA}—E_2	IDL—E_2	V_C—E_2
全关闭	0.6~0.7 V	低于 1 V	5 V
全打开	3.5~4.5 V	4~4.5 V	5 V
全打开	电压逐渐增大	4~4.5 V	5 V

（4）测线束电阻、搭铁性能。

测量方法与进气压力传感器测量方法相同。

3. 电子节气门的结构与工作原理

结构：如图 2-4-7 所示。

工作原理：

现以大众时代超人轿车为例进行说明，其节气门控制器电路原理及接插件导线说明图如图 2-4-8 所示。

大众时代超人轿车的怠速节气门位置传感器与怠速电动机连在一起，将节气门的开度、怠速电动机的位置信号送入 ECU，怠速节气门位置传感器达到调节范围极限时，电位计不再移动，节气门继续开起。

图 2-4-7　大众车电子节气门结构

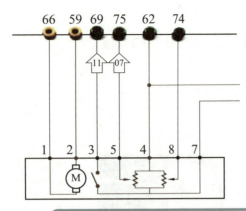

图 2-4-8　大众时代超人节气门控制器电路原理及接插件导线说明图

急速节气门位置传感器的信号中断时，节气门控制组件将利用应急弹簧将节气门拉开到固定位置，使急速升高。

大众时代超人的节气门位置传感器通过安装在节气门轴的一端滑臂在电位计电阻上滑动，将节气门开度信号输入 ECU，作为 ECU 判断发动机运转工况的依据。

卡罗拉轿车节气门控制器工作原理与大众车基本相同，其结构及电路原理图如图 2-4-9 所示。

V_C：供电电源端子，为传感器提供 5 V 工作电压。

V_{TA1}：用来检测节气门开度信号。

V_{TA2}：用来检测 V_{TA1} 的故障。

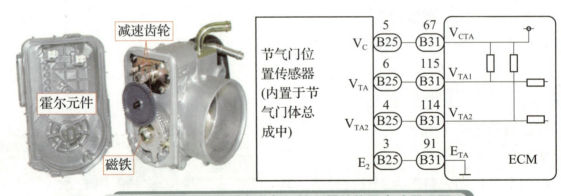

图 2-4-9　卡罗拉轿车节气门控制器结构及电路原理图

电子节气门的检测（以卡罗拉轿车为例）：

（1）测 V_{TA1}—E_2、V_{TA2}—E_2 信号电压。

检测条件：起动发动机，改变油门踏板位置。

万用表量程：直流 20 V。

检测方法：如图 2-4-10 和图 2-4-11 所示。

参数范围：

急速状态 V_{TA1}—E_2 为 0.5~1.1 V，V_{TA2}—E_2 为 2.1~3.1 V；

踩下油门 V_{TA1}—E_2 为 3.3~4.9 V，V_{TA2}—E_2 为 4.5~5.0 V。

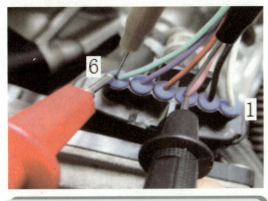

图 2-4-10 测 V_{TA1} 电压

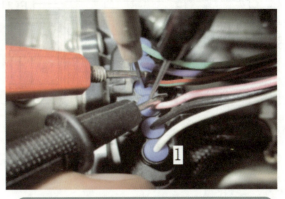

图 2-4-11 测 V_{TA2} 电压

（2）解码器读数据流。

开点火开关，节气门全关时节气门开度显示为 8%~20%，全开显示为 64%~96%。

（3）测 V_C 电压。

检测条件：拔下节气门接插件，打开点火开关。

万用表量程：直流 20 V。

检测方法：如图 2-4-12 所示。

参数范围：V_C 为 5 V。

（4）测节气传感器线束搭铁线电阻。

检测条件：拔下节气门接插件。

检测方法：如图 2-4-13 所示。

参数范围：阻值应在 1 Ω 以下。

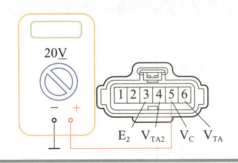

图 2-4-12 测节气门位置传感器 V_C 电压

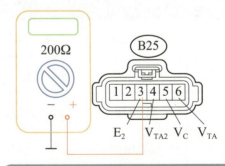

图 2-4-13 测传感器搭铁线电阻

（5）测节气门线束间电阻。

检测条件：关闭点火开关，拆卸蓄电池负极电缆，拔下传感器和 ECU 的线束接插件。

检测方法：如图 2-4-14 所示，分别测 B31 与 B25 的端子 V_{TA1}—V_{TA}、V_{TA2}—V_{TA2}、V_{CTA}—V_C 间的电阻。

参数范围：导线导通且电阻值应在 1 Ω 以下。

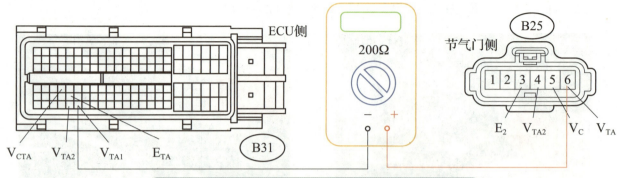

图 2-4-14 传感器与 ECU 之间线束导线连接电阻

二、任务实施

1）准备工作

准备整车或发动机台架、数字万用表、手电筒、维修手册、常用工具、车轮挡块、三件套。

2）实施过程

（1）两人分工配合，安放车轮挡块、翼子板布、前格栅布。

（2）两人配合，检测节气门位置传感器 V_{TA}、V_{TA2}、V_C 电压，检测线束 V_C、V_{TA} 端子间的电阻，检测搭铁性能，把检测参数写在参数记录表 2-4-3 中。

表 2-4-3 节气门位置检测参数记录表

检测车型	检测内容	检测条件	检测参数	性能判断
	V_{TA1} 电压	起动发动机，改变油门踏板位置		
	V_{TA2} 电压	拔下传感器接插件，打开点火开关		
	V_C 电压	拔下传感器接插件，打开点火开关		
	线束电阻	拔下传感器、ECU 接插件		
	搭铁性能	拔下传感器接插件		

任务五　水温传感器、进气温度传感器的检测

学习内容

1. 水温传感器、进气温度传感器信号电压、基准电压的检测。
2. 水温传感器、进气温度传感器电阻参数的检测。

学习目标

1. 知识目标
（1）熟悉水温传感器、进气温度传感器的电压参数。
（2）学会测量水温传感器、进气温度传感器信号电压、基准电压的方法。

2. 能力目标
（1）能正确使用检测仪器。
（2）能正确检测水温、进气温度传感器信号电压、基准电压。
（3）能根据检测参数判断水温、进气温度传感器性能。

一、任务导入

在日常用车过程中，发动机水温、进气温度传感器会出现损坏或线路出现故障的情况。温度传感器损坏或线路出现故障后，发动机可能会产生以下故障：热机怠速不良，怠速不稳，排气管冒黑烟，废气排放增加。

作为汽车维修或管理人员，应熟悉温度传感器的结构、原理，学会温度传感器及其连接线路的检测。

二、任务实施

（一）收集资料

1. 水温传感器（THA）、进气温度传感器（THW）的结构与工作原理

结构：水温传感器、进气温度传感器由壳体、热敏电阻、接头等组成，如图2-5-1所示。

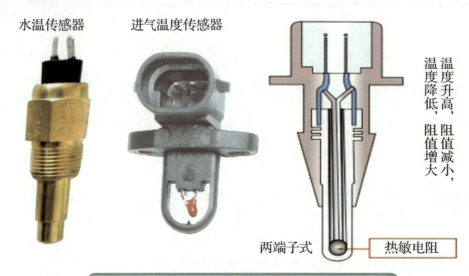

图 2-5-1 水温传感器、进气温度传感器结构

水温传感器工作原理：水温传感器是一个负温度系数热敏电阻，当发动机冷却液温度低时，传感器内的热敏电阻的阻值大，电路中的电流小，电路中的信号电压高，发动机ECU检测到该信号后，适当增大喷油量；随着水温增高，热敏电阻阻值变小，电路中的信号电压低，ECU检测到该低电压信号后，适当减少喷油量。

进气温度传感器工作原理：与水温传感器工作原理相同。

2. 水温传感器的检测

（1）电阻参数的检测。

检测条件：拆下水温传感器放入水盆中，加热水盆中的水。

万用表量程：20 kΩ。

检测方法：如图 2-5-2 所示。

参数范围：以卡罗拉轿车水温传感器为例，如表 2-5-1 所示。

项目二 汽车发动机电控系统部件检测

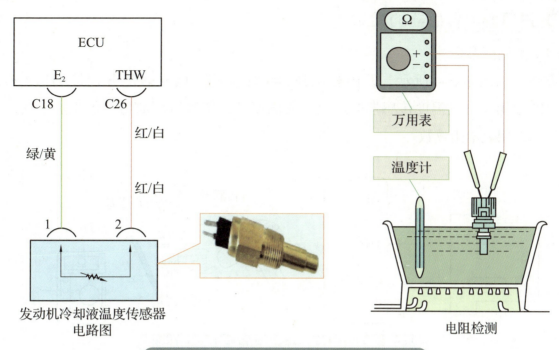

图 2-5-2 水温传感器电阻参数的检测

表 2-5-1 水温传感器正常电阻参考值

万用表连接	测试水温条件	规定状态
1—2	20 ℃	2.3~2.6 kΩ
	80 ℃	0.31~0.32 kΩ

（2）基准电压和信号电压的检测。

检测条件：关闭点火开关，拔下传感器接插件。

万用表量程：直流 20 V。

检测方法：如图 2-5-3 所示。

参数范围：基准电压为 4.5~5.5 V。

信号电压在发动机正常工作时为 1.5~2.5 V，在 80 ℃时为 0.25~1.0 V。

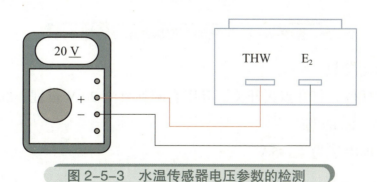

图 2-5-3 水温传感器电压参数的检测

3. 进气温度传感器的检测

（1）测电阻参数。

方法：如图 2-5-4 所示，万用表调到 200 Ω 量程，两支表笔分别接 THA、E_2，测 THA—E_2 电阻。进气温度传感器旁边放一支温度计，用吹风筒向传感器吹热空气，观察温度计和万用表电阻读数。

图 2-5-4　进气温度传感器电阻参数的检测

参数范围：如图 2-5-5 所示。

进气温度 20 ℃，电阻（2.45±0.2）kΩ。

进气温度 80 ℃，电阻 0.322 kΩ。

具体参数参考具体车型维修手册。

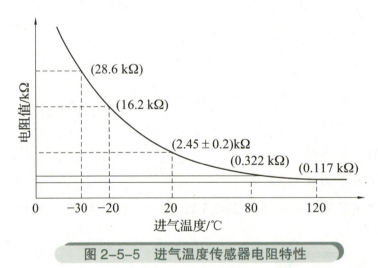

图 2-5-5　进气温度传感器电阻特性

（2）测基准电压参数。

方法：拔下接插件，打开点火开关，万用表调到直流 20 V 量程，红笔接 THA 黑笔接 E_2，测接插件 THA—E_2 的电压。

参数范围：基准电压为 4.5~5 V。

（3）测信号电压参数。

方法：插好接插件，万用表调到直流电压 20 V 量程，红笔接 THA 黑笔接 E_2，起动发动机。

参数范围：冷却液温度 20 ℃时信号电压为 0.5~3.5 V；冷却液温度 80 ℃时信号电压为 0.25~1.0 V。

（二）任务实施

1）准备工作

准备整车或发动机台架、数字万用表、手电筒、维修手册、常用工具、车轮挡块、翼子板布。

2）实施过程

（1）两人分工配合，安放车轮挡块、翼子板布、前格栅布。

（2）两人配合，检测水温传感器工作电压、信号电压、传感器电阻，检测参数写在表 2-5-2。

表 2-5-2 水温传感器检测参数记录表

检测车型	检测内容	检测条件	检测参数	性能判断
	基准电压	拔下传感器接插件，打开点火开关		
	信号电压	起动发动机		
	传感器电阻	传感器放入水中加热		

（3）两人配合，检测进气温度传感器工作电压、信号电压、传感器电阻，检测参数写在表 2-5-3 中。

表 2-5-3 进气温度传感器检测参数记录表

检测车型	检测内容	检测条件	检测参数	性能判断
	基准电压	拔下传感器接插件，打开点火开关		
	信号电压	起动发动机		
	传感器电阻	用电吹风热风吹传感器		

任务六　氧传感器、爆震传感器的检测

学习内容

1. 氧传感器电源电压、信号电压、加热器电阻、线束电阻、搭铁性能的检测。
2. 爆震传感器信号电压、线束电阻、搭铁性能的检测。

学习目标

1. 知识目标

（1）熟悉氧传感器、爆震传感器的电压参数。
（2）学会氧传感器电源电压、爆震传感器信号电压的方法。

2. 能力目标

（1）能正确使用检测仪器。
（2）能正确检测氧传感器电源电压、信号电压、线束电阻、搭铁性能。
（3）能正确检测爆震传感器信号电压、线束电阻、搭铁性能。
（4）能根据检测参数判断氧传感器、爆震传感器性能。

一、任务导入

汽车在使用中，氧传感器或其线路损坏，发动机会出现以下故障：动力下降，怠速不稳，油耗过高，废气排放过高，排气管冒黑烟。

爆震传感器或其线路损坏，发动机会产生以下故障：发动机工作振动大，加速时有爆震声，加速无力。

作为汽车维修或管理人员，应熟悉氧传感器、爆震传感器的结构及原理，学会检测氧传感器、爆震传感器及其线路。

二、任务实施

（一）收集资料

1. 氧传感器的结构与工作原理

结构：如图 2-6-1、图 2-6-2 所示，由锆管或二氧化钛元件、铂膜电极、氧化铝陶瓷保护层等构成。现代汽车普遍使用带加热器的氧传感器。

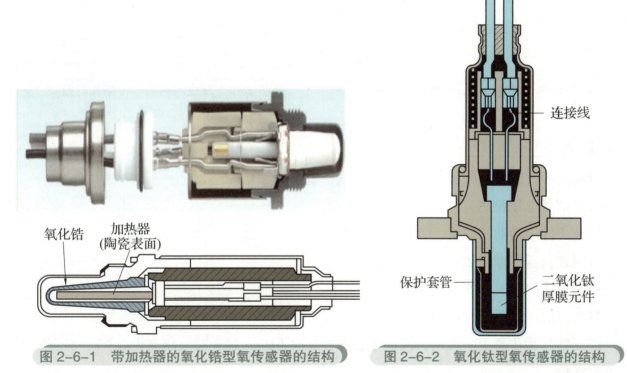

图 2-6-1 带加热器的氧化锆型氧传感器的结构　　图 2-6-2 氧化钛型氧传感器的结构

氧化锆型氧传感器工作原理：传感元件是一氧化锆敏感元件，外侧通发动机排气，内侧通空气。当传感陶瓷管的温度达到 350 ℃时，即具有固态电解质的特性。正是利用这一特性，将氧气的浓度差转化成电势差，形成电信号输出。混合气偏浓，大量阳离子从内侧转移到外侧，输出高信号电压（接近 900 mV）；混合气偏稀，少量氧离子从内侧转移到外侧，输出低信号电压（接近 100 mV）。发动机 ECU 根据该信号增加或减少喷油量，达到修正喷油量目的。

氧化钛型氧传感器工作原理：混合气浓（空燃比小于 14.7），氧含量少，氧化钛管内外氧浓度差大，钛管电阻小；反之，混合气稀（空燃比大于 14.7），电阻大。电阻在空燃比 14.7 突变，是一可变电阻性氧传感器。

当混合气浓时，电脑接收高电平；混合气稀时，电脑接收低电平。ECU 根据该信号修正喷油量。

2. 氧传感器电路

氧传感器电路如图 2-6-3、图 2-6-4 所示。

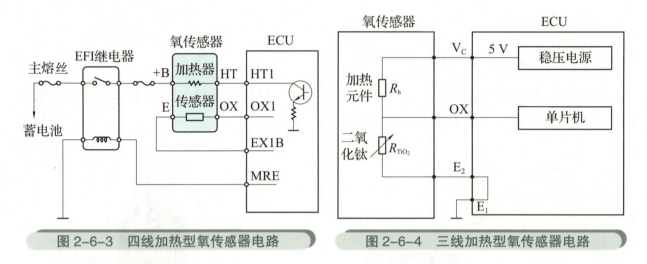

图 2-6-3　四线加热型氧传感器电路　　　图 2-6-4　三线加热型氧传感器电路

3. 氧传感器的性能检测

检测内容：信号电压、电源电压、搭铁性能、线束电阻等。

（1）信号电压检测。

检测条件：起动发动机。

万用表量程：直流 20 V。

检测方法：如图 2-6-5 所示。

参数范围：电压为 0.1~0.9 V。

以 0.45 V 为中心上下波动，波动频率为 6~8 次 /10 s。加速时电压高于 0.5 V；减速时电压小于 0.4 V。

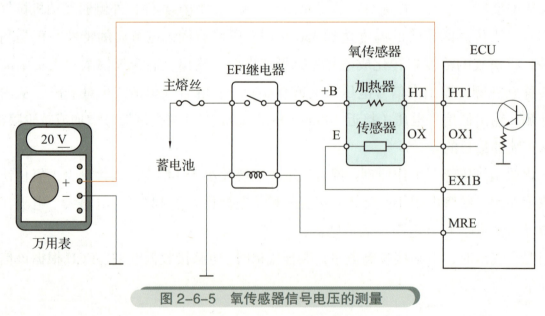

图 2-6-5　氧传感器信号电压的测量

（2）电源电压检测。

检测条件：关闭点火开关，拔下氧传感器接插件，再打开点火开关。

检测方法：如图 2-6-6 所示。

参数范围：电源电压为 5 V 或 12 V。

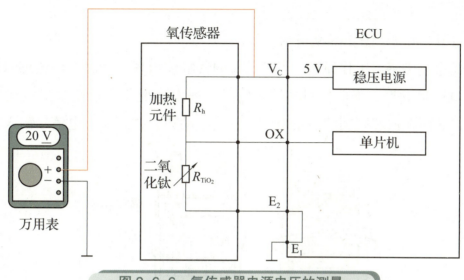

图 2-6-6　氧传感器电源电压的测量

（3）检测加热器电阻。

检测条件：关闭点火开关，拔下氧传感器接插件，测传感器端子。

万用表量程：200 Ω。

检测方法：如图 2-6-7 所示，测 V_C—OX 电阻。

参数范围：电阻为 3~40 Ω。

（4）检测搭铁性能。

检测条件：关闭点火开关，拔下氧传感器接插件，测 E_2—车体电阻。

万用表量程：200 Ω。

参数范围：搭铁线电阻在 1 Ω 以下。

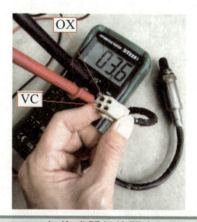

图 2-6-7　氧传感器加热器电阻的测量

（5）检测线束电阻。

检测条件：关闭点火开关，拆卸蓄电池负极电缆，拔下氧传感器和 ECU 接插件，测两接插件之间连接导线电阻。

万用表量程：200 Ω。

参数范围：电阻在 1 Ω 以下。

（6）外观检测。

检测条件：拆下氧传感器。

检测内容：通气孔有无堵塞、陶瓷芯有无破损、氧传感器顶尖部位的颜色。

检测结果：淡灰色顶尖——正常颜色，白色顶尖——硅污染，棕色顶尖——铅污染，黑色顶尖——积碳。

4. 爆震传感器的结构与工作原理

结构：如图2-6-8、图2-6-9所示。

磁伸缩式爆震传感器工作原理：当发动机的气缸体出现振动时，该传感器在7 kHz左右处与发动机产生共振，强磁性材料铁芯的磁导率发生变化，致使永久磁铁穿芯的磁通密度也变化，从而在铁芯周围的绕组中产生感应电动势，并将这一电信号输入ECU。

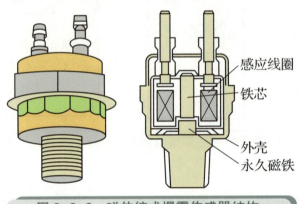

图2-6-8　磁伸缩式爆震传感器结构

压电式爆震传感器工作原理：当发动机的气缸体出现振动传递到传感器外壳上时，外壳与配重块之间产生相对运动，夹在这两者之间的压电元件所受的压力发生变化，从而产生电压。ECU检测出该电压，并根据其值的大小判断爆震强度，推迟点火时刻，消除爆震。

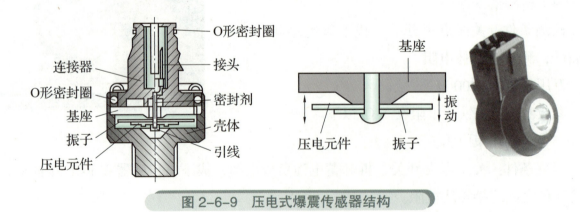

图2-6-9　压电式爆震传感器结构

5. 爆震传感器的检测

检测内容：信号电压、电阻特性、线束电阻、搭铁性能。

丰田卡罗拉采用的是压电式爆震传感器，其控制电路如图 2-6-10 所示。

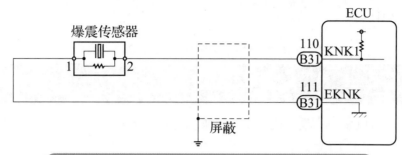

图 2-6-10　丰田卡罗拉的爆震传感器控制电路

（1）测信号电压。

检测条件：起动发动机。

万用表量程：直流 20 V。

检测方法：万用表红笔接 2 号端子、黑笔接 1 号端子。

参数范围：无爆震时电压为 0.1 V，急加速时电压为 1 V 左右。

（2）测电阻特性。

传感器电阻：室温下为 1 000 kΩ，轻敲击缸体时为 850 kΩ 左右。

线束电阻：1 Ω 以下。

搭铁线电阻：1 Ω 以下。

（二）任务实施

1）准备工作

准备整车或发动机台架、数字万用表、手电筒、维修手册、常用工具、车轮挡块、翼子板布。

2）实施过程

（1）两人分工配合，安放车轮挡块、翼子板布。

（2）两人配合，检测氧传感器信号（OX）电压、电源电压、线束电阻、搭铁性能，检测参数记录在表 2-6-1 中。

表 2-6-1　氧传感器检测参数记录表

检测车型	检测内容	检测条件	检测参数	性能判断
	信号电压	发动机怠速、中速、高速运转		
	电源电压	拔下传感器接插件，打开点火开关		
	加热器电阻	拔下传感器接插件		
	线束电阻	拔下传感器、ECU 接插件		
	搭铁性能	拔下传感器接插件		

（3）两人配合，检测爆震传感器信号（KNK）电压、线束电阻、搭铁性能，检测参数记录在表 2-6-2 中。

表 2-6-2　爆震传感器检测参数记录表

检测车型	检测内容	检测条件	检测参数	性能判断
	信号电压	发动机怠速、中速、高速运转		
	线束电阻	拔下传感器、ECU 接插件		
	搭铁性能	拔下传感器接插件		

任务七　ECU 的检测

学习内容

1. ECU 输入电源电压的检测。
2. ECU 输出电压的检测。

学习目标

1. 知识目标

（1）熟悉 ECU 输入电源电压的参数。

（2）学会测量 ECU 输出电压的方法。

2. 能力目标

（1）能正确使用检测仪器。

（2）能正确检测 ECU 输入电源电压、输出电压。

（3）能根据检测参数判断 ECU 的性能。

一、任务导入

发动机 ECU 工作比较可靠，不容易出现故障，但对于行驶超过 100 000 km 的车辆，会产生某些外围故障。例如：个别电子集成块损坏、ECU 固定脚螺栓松动、某个电子元件焊脚接头松脱以及电容元件失效、连接线路短路、断路、接触不良等。

ECU 出现故障后，可能造成发动机难以起动甚至根本不能起动，或者出现没有高速、热车难以起动、耗油量大等现象。

作为汽车维修企业的技术人员、检测人员，应了解、熟悉发动机 ECU 的结构和基本原理，学会通过外观目测、测量外围电路的方法判断 ECU 性能，才能顺利完成检测维修任务。

二、任务实施

（一）收集资料

1. 发动机 ECU 的基本结构

发动机 ECU 由微处理器（CPU）、存储器（ROM、RAM）、输入/输出接口（I/O）、模数转换器（A/D）以及整形、驱动等大规模集成电路构成，如图 2-7-1、图 2-7-2 所示。

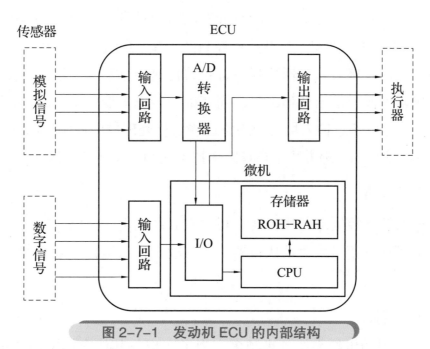

图 2-7-1 发动机 ECU 的内部结构

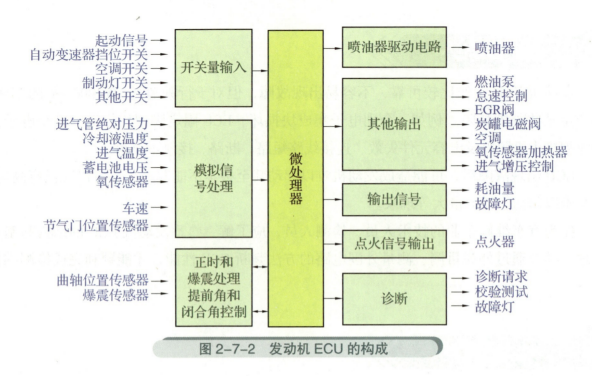

图 2-7-2 发动机 ECU 的构成

1）输入接口电路

（1）模拟信号输入接口。自动变速器中，AMT（电控机械式自动变速器）的选位换挡油缸行程传感器、AT（液力机械式自动变速器）的油压传感器等都是输出模拟信号，由于微控制器只能处理数字信号，因此在进行运算处理前，必须利用模数转换器（A/D 转换器）将模拟信号转换为数字信号。

（2）开关信号（I/O）输入接口。车辆中的许多状态信号都是通过开关形式反馈的，这些信号必须经输入接口电路处理后转化成微控制器能够处理的形式，再连接到微控制器。

（3）频率信号输入接口。车辆控制中需要的转速传感器大多输出的是频率信号，这些信号根据传感器不同，输出波形不尽相同，根据转速的变化，其输出信号的频率幅值也随着发生变化。需要经过输入接口电路将这些信号处理成微控制器已处理的数字信号。一般来说，对频率信号的处理方法主要有频率技术法和频压转换法两种。

2）输出接口电路

输出接口电路是微控制器与执行器之间建立联系的电子电路。它将微控制器发出的决策指令，转变成控制信号来驱动执行器工作，输出接口电路一般起着控制信号的生成和放大等作用。

3）通信接口电路

目前车辆中使用的电控系统越来越多，为了实现与其他车辆电控系统之间的通信，以达到资源共享的目的，在车用 ECU 中都集成了数字通信接口。车辆上常采用的通信总线有 RS-232 接口、SPI 接口、CAN 接口、FlexRay 、MOST 等。

4）ECU 的基本外围电路

ECU 的基本外围电路包括电源电路、时钟电路、复位电路和监控电路等可以使 ECU 运行起来的最小外围电路。

发动机 ECU 电源电路包括输入电源（包含工作电源和备用电源）电路和输出电源电路。

工作电源：主要为 ECU 的工作提供工作电流，受点火开关控制。

备用电源：用于保证点火开关关闭后，ECU 内的存储器能继续通电，防止故障代码和学习空燃比修正值信息丢失。

输出电源：为其他电路提供工作电源。

电源电路按电流控制方式不同，分为不装控制器的电源电路和装控制器的电源电路。

（1）不装控制器的电源电路，如图 2-7-3 所示。

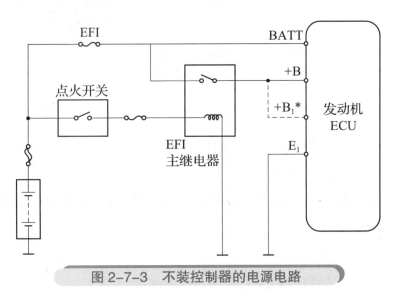

图 2-7-3 不装控制器的电源电路

该电路电源分两路，一路为备用电源 BATT，用来使 ECU 内存信息得到保存，直接由蓄电池供电。另一路为 $+B$、$+B_1$，这是 EGR 的工作电源。在闭合点火开关后，FFI 线圈通电触动闭合，ECU 通电。线圈电流由蓄电池→点火开关→保险→EFI 线圈→车体构成回路。

ECU 电流由蓄电池→总保险→EFI 保险→EFI 触动→ECU（$+B$、$+B_1$）→车体构成回路。

（2）装控制器的电源电路，如图 2-7-4 所示。

该电路在 ECU 内装有主继电器控制器。

接通点火开关，ECU 内部控制器得电，EFI 继电器线圈得电产生电磁吸力，继电器触动闭合，蓄电池电流经继电器触点，到 $+B$、$+B_1$。

断开点火开关，MREL 继续向 EFI 线圈供电 2 s，保证怠速步进电动机继续通电 2 s，以使怠速步进电动机回到发动机起动时所需的初始位置，保证起动时的进气量。

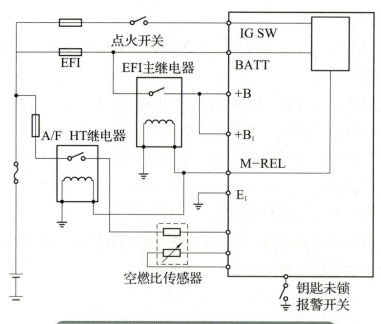

图 2-7-4 装控制器的电源电路

2. 发动机 ECU 的检测

检测内容：ECU 备用电源电压、工作电压、输出电压、搭铁性能、电路板元件。

（1）测 BATT（备用电源）电压。

检测条件：拆卸蓄电池负极电缆，拔下 ECU 接插件后，装好负极电缆。

万用表量程：直流 20 V。

检测方法：如图 2-7-5 所示。

参数范围：电源电压在 11.5 V 以上。

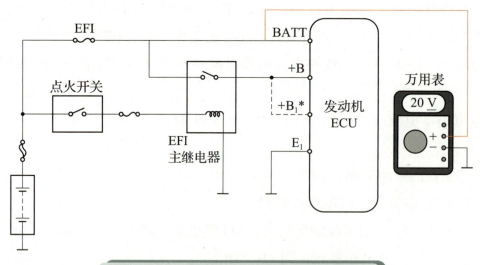

图 2-7-5 发动机 ECU 常电电压的测量

（2）测 +B、+B_1（工作）电压。

检测条件：拆卸蓄电池负极电缆，拔下 ECU 接插件后，装好负极电缆，打开点火开关。

万用表量程：直流 20 V。

检测方法：如图 2-7-6 所示。

参数范围：+B 电压在 11.5 V 以上。

图 2-7-6　五菱车发动机 ECU 工作电压的测量

（3）测 ECU 输出电压。

检测方法：与传感器基准电压测量任务测量方法相同。

参数范围：输出电压为 5 V。

（4）测 ECU 搭铁性能。

万用表调到 200 Ω 量程，测 ECU 插头 E_1、E_2 与车体电阻，应导通且电阻在 1 Ω 以下。

（5）检查 ECU 电路板元件。

拆下发动机 ECU，拆出 ECU 防护盖，观察电路板（见图 2-7-7）元件有无烧坏变黄、变黑，端子有无烧断，印刷板有无断裂等现象。

图 2-7-7　检查发动机 ECU 电路板元件

（二）任务实施

1）准备工作

准备整车或发动机台架、数字万用表、手电筒、维修手册、常用工具、车轮挡块、三件套。

2）实施过程

（1）两人配合安放车轮挡块、翼子板布、前格栅布。

（2）两人配合，检测五菱车或其他常见车型发动机 ECU 备用电源电压、工作电压、输出电压、搭铁性能，并把检测参数记录在表 2-7-1 中。

表 2-7-1 发动机 ECU 检测参数记录表

检测车型	检测内容	检测条件	检测参数	性能判断
	备用电源电压	蓄电池电极连接牢固		
	工作电压	打开点火开关		
	输出电压	拔下传感器、ECU 接插件		
	搭铁性能	拔下 ECU 接插件		

任务八 执行器的检测

学习内容

1. 怠速电磁阀的检测。
2. 直动式怠速控制系统的检测。
3. 喷油器的检测。
4. 电动燃油泵的检测。
5. 炭罐电磁阀的检测。
6. 废气再循环阀的检测。

学习目标

1. 知识目标

（1）熟悉怠速电磁阀、直动式怠速控制系统喷油器、电动燃油泵、炭罐电磁阀、废气再循环阀的检测内容、参数。

（2）学会怠速电磁阀、直动式怠速控制系统喷油器、电动燃油泵、炭罐电磁阀、废气再循环阀的检测方法。

2. 能力目标

（1）能正确检测怠速阀、直动式怠速控制系统喷油器、电动燃油泵、炭罐电磁阀、废气再循环阀。

（2）能根据检测参数判断怠速阀、直动式怠速控制系统喷油器、电动燃油泵、炭罐电磁阀、废气再循环阀的性能。

一、任务导入

一辆通用五菱轿车进厂检修，车主反映该车热车后怠速很高、排气管排出的气体气味很难闻，同时车辆耗油上升，要求检修。维修技师接车后，经用诊断仪诊断为怠速电磁阀故障。

怠速电磁阀是执行器的一种，怠速阀及其线路有故障会造成发动机怠速不良、油耗上升、废气排放增加等问题。作为汽车维修人员或管理人员，必须熟悉各类执行器的检测。

二、任务实施

（一）收集资料

1. 怠速电磁阀

旁通空气控制常见的是通过旋转阀式怠速阀或步进电动机式怠速阀增大或减小空气旁通道截面来调整怠速；节气门直动控制是用ECU控制直流电动机通电产生旋转力矩，调节节气门开度（2%~5%），实现怠速控制（在怠速控制系统的检修项目介绍节气门直动怠速控制系统的结构及原理）。

1）结构

（1）旋转滑阀式怠速阀的结构如图2-8-1所示，由电接头、外壳、永久磁铁、电枢、空气旁通道、旋转滑阀等构成。

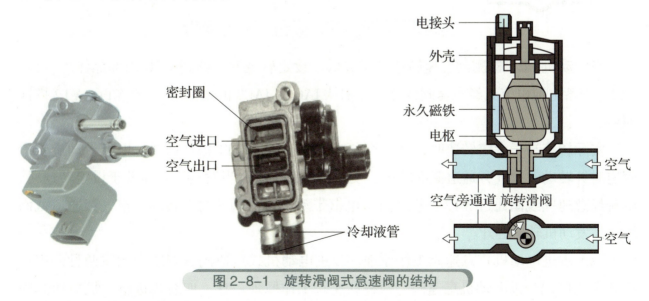

图2-8-1 旋转滑阀式怠速阀的结构

（2）步进电动机式怠速阀结构如图2-8-2所示，由电磁线圈、阀座、阀轴、阀芯、进给丝杆、转子等构成。

图 2-8-2 步进电动机式怠速阀的结构

2）工作原理

（1）旋转滑阀式怠速阀工作原理如图 2-8-3 所示。

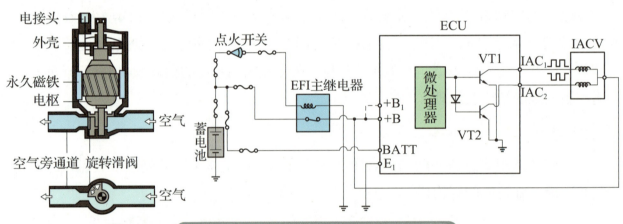

图 2-8-3 旋转滑阀式怠速阀结构及原理图

当发动机 ECU 检测到怠速转速高于或低于设定转速时，接通 ECU 内部晶体管 VT1、VT2，使蓄电池电流流经怠速阀线圈后分别从 IAC1、IAC2 流入 ECU 内的 VT1、VT2 搭铁回路。

实际转速高于设定转速时，电流经怠速阀线圈通过 VT1 搭铁回路，电枢带动旋转滑阀逆时针转动，空气旁通道截面减小，发动机转速下降；当发动机转速低于设定转速时，电流经怠速阀线圈通过 VT2 搭铁回路，电枢带动旋转滑阀顺时针转动，空气旁通道截面增大，发动机转速上升。

（2）步进电动机式怠速阀工作原理。步进电动机式怠速阀有四线和六线两种，现代汽车多用四线步进电动机怠速阀，两种怠速阀工作原理一样。四线步进电动机怠速阀内有两组控制线圈 A、B（见图 2-8-4），一组为转子顺转线圈，另一组为转子逆转线圈。

当发动机 ECU 检测到怠速转速高于设定转速时，向怠速阀顺转线圈供电，怠速电动机的转子就被驱动着一直顺时针旋转，通过螺纹机构，把阀芯逐渐推出，使发动机进气量减小，调低发动机转速。当发动机 ECU 检测到怠速转速低于设定转速时，向怠速阀逆转线圈供电，怠速电动机的转子就被驱动着一直朝逆时针方向旋转，通过螺纹机构，把阀芯逐渐收回，使发动机进气量增加，提高发动机转速。

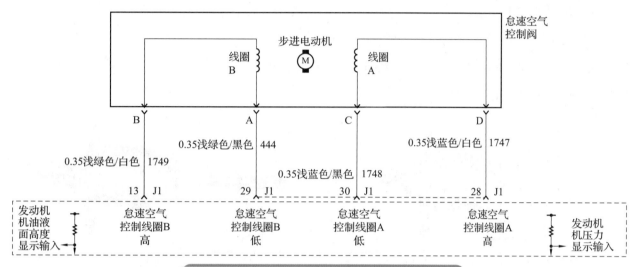

图 2-8-4 四线步进电动机怠速阀原理图

六线步进电动机怠速阀原理图如图 2-8-5 所示。

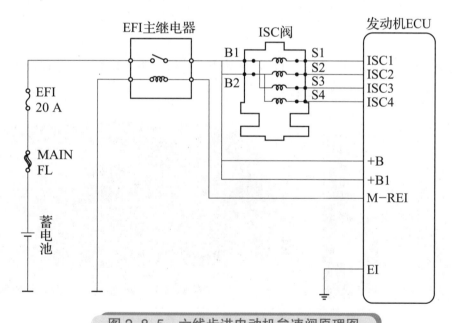

图 2-8-5 六线步进电动机怠速阀原理图

3）故障类型

怠速阀损坏或连接线路有故障时，发动机产生的故障有怠速不稳、无怠速、怠速过高。

4）步进电动机式怠速电磁阀的检测

检测内容：线圈电阻、动作测试。

（1）测线圈电阻。

检测条件：关闭点火开关，拔下怠速阀接插件，拆卸怠速阀。

万用表量程：200 Ω。

检测方法：如图 2-8-6 所示。

参数范围：10~50 Ω。

（2）动作测试

方法：把怠速阀顺转线圈、逆转线圈分别与蓄电池正、负极连接，如图 2-8-7 所示。按住阀芯，锥形阀芯应能伸出和收回。

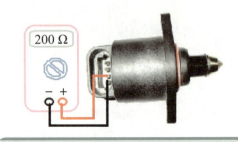

图 2-8-6 怠速阀线圈电阻的测量

图 2-8-7 怠速阀动作测试

2. 直动式怠速控制系统

1）结构

直动式怠速控制系统由节气门、直流驱动电动机、减速装置、怠速开关（卡罗拉轿车发动机不装）等构成，如图 2-8-8 所示。

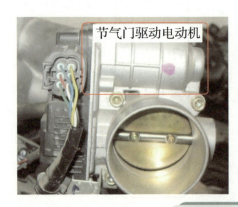

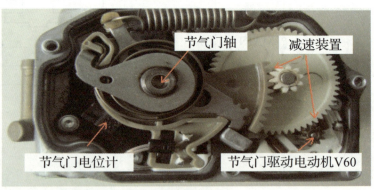

图 2-8-8 直动式怠速控制装置的结构

2）工作原理

当怠速开关闭合时，发动机 ECU 得知发动机处于怠速状态并根据节气门位置传感器信号控制怠速直流电动机动作，使节气门打开相应的角度（一般开 2%~8%），使怠速最佳。

3）怠速控制系统的检测

（1）直流电动机检测。

检测内容：电动机电阻、电动机动作测试。

①测电动机电阻。

检测条件：关闭点火开关，拆下节气门线束。

万用表量程：200 Ω。

检测方法：如图 2-8-9 所示。

参数范围：0.3~100 Ω（卡罗拉轿车怠速直流电动机电阻标准为 20.3 Ω）。

②电动机动作测试：直接把蓄电池"+""-"接电动机 M+、M-，电动机应能打开节气门。

图 2-8-9　卡罗拉轿车怠速电动机测量

1—电动机+（M-）；2—电动机-（M+）；3—E_2；4—VTA_2；5—V_c；6—VTA_1

（2）怠速开关检测。

方法：如图 2-8-10 所示，拔下电子节气门线束接插件，测量怠速开关端子 3—端子 7。

参数范围：节气门关闭时 3 和 7 接通，电阻为 1 Ω 以下；踩下油门踏板，3 和 7 不导通。

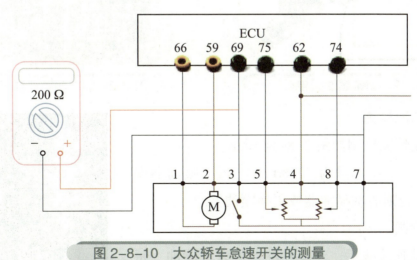

图 2-8-10　大众轿车怠速开关的测量

1—M-；2—M+；3.怠速开关；4—V_c；5—VTA_2；7—搭铁；8—VTA_1

3. 喷油器

1）结构

喷油器由滤网、电磁线圈、回位弹簧、针阀、喷口等组成，如图2-8-11所示。

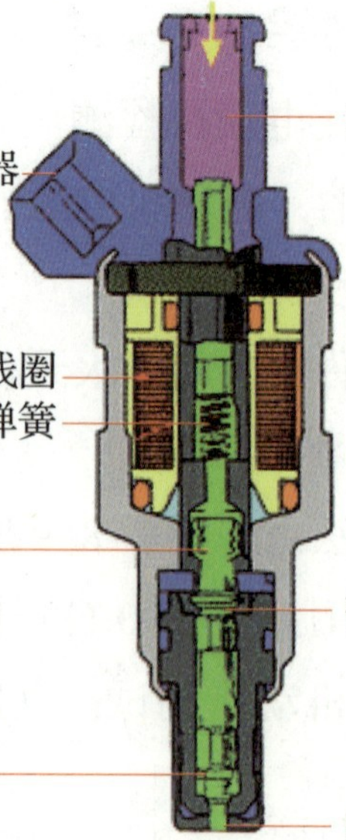

2）工作原理

当发动机ECU检测到喷油信号时，ECU接通喷油器电路的搭铁线，电磁阀通电，喷油器喷油孔开起，燃油在系统压力作用下从喷油孔喷射到进气门附近的进气歧管内。ECU根据不同传感器输入信号调整喷油器的喷油信号和喷油时间。

图2-8-11 喷油器结构

3）喷油器的检测

（1）喷油器电阻检测。

检测条件：关闭点火开关，拔下喷油器接插件。

万用表量程：200 Ω。

检测方法：如图2-8-12所示。

参数范围：低阻喷油器电阻为2~4 Ω；高阻喷油器电阻为12~18 Ω。

（2）喷油量测试。

检测条件：拆下喷油器，装在专用检测设备上。

测试方法：起动设备，观察汽油雾化情况及喷油量，如图2-8-13所示。

图2-8-12 测量喷油器电阻

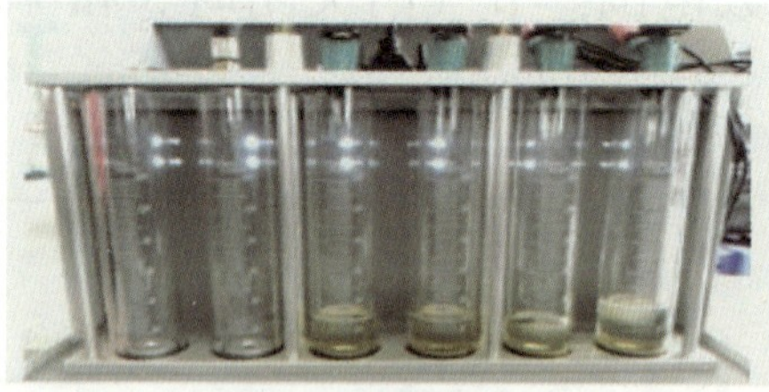

图2-8-13 测喷油器喷油量

（3）雾化情况检测。

喷油器雾化情况检测如图2-8-14所示。

参数范围：15 s喷油量为70~80 mL（每个喷油器误差不超9 mL），否则清洗喷油器或更换喷油器。

（4）漏油测试。

断开蓄电池连接线后，观察喷油器处有无漏油，每分钟漏油不多于1滴，否则清洗或更换喷油器。

图2-8-14 测喷油器雾化情况

4. 电动燃油泵

电动燃油泵结构如图 2-8-15 所示。

检测内容：油泵电阻、动作测试。

（1）测油泵电阻。

检测条件：关闭点火开关，拔下油泵接插件。

万用表量程：200 Ω。

检测方法：如图 2-8-16 所示。

参数范围：0.2~15 Ω。

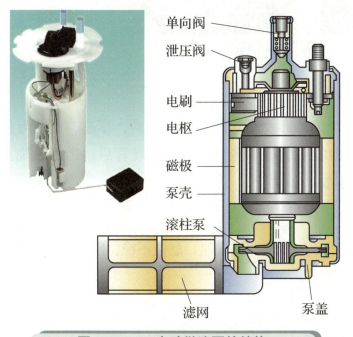

图 2-8-15 电动燃油泵的结构

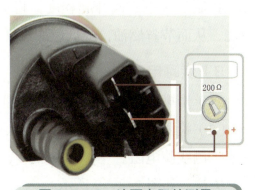

图 2-8-16 油泵电阻的测量

（2）动作测试。

如图 2-8-17 所示，把电动油泵接插件拔下，用导线把油泵两端子与蓄电池正、负极连接，靠近油泵，应能听见油泵运转声。否则拆检或更换油泵。

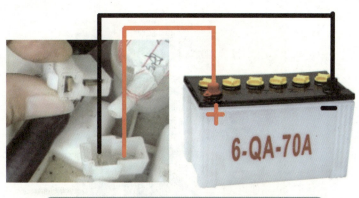

图 2-8-17 电动油泵动作测试

5. 炭罐电磁阀

1）结构

炭罐电磁阀结构如图 2-8-18 所示。

图 2-8-18 炭罐电磁阀的结构

2）工作原理

发动机起动后，ECU 根据节气门位置传感器、冷却液温度传感器、车速、负荷等信号，控制炭罐电磁阀开起程度，将炭罐内收集的燃油蒸气吸入进气歧管后，送入燃烧室燃烧，从而节省燃油，降低燃油蒸气的排放。

3）炭罐电磁阀的检测

（1）炭罐电磁阀损坏时，发动机产生的故障：发动机失速，怠速不稳，空燃比不正确。

（2）检测内容：线圈电阻、输入电源电压。

①测线圈电阻。

方法：如图 2-8-19 所示。

参数范围：2~30 Ω。

②测输入电压。

方法：打开点火开关，用万用表测电源输入电压。

参数范围：应在 11.5 V 以上。

图 2-8-19 测炭罐电磁阀电阻

6. 废气再循环（EGR）阀

1）结构

EGR 阀由弹簧、膜片、锥形阀等构成，如图 2-8-20 所示。

图 2-8-20 别克轿车 EGR 阀的结构

2）工作原理

发动机中、小负荷，高速工况下，ECU 根据各种传感器信号，确定发动机工况，计算 EGR 流量。ECU 判断 EGR 系统满足工作条件时，接通 EGR 电磁阀搭铁电路，使进气、排气管之间的管道接通，进气歧管的真空便加在 EGR 阀的膜片上使阀门打开，废气经 EGR 阀进入气缸。

EGR 位置传感器向 ECU 传送 EGR 阀开度信号，发动机 ECU 根据该信号改变加在 EGR 电磁阀的电压，使真空膜片动作带动锥形阀，改变进、排气管通道截面，控制进入燃烧室的废气量。

3）EGR 阀的检测

（1）EGR 阀的 EGR 或其导线不良时，发动机出现的故障如下：起动困难，动力下降，怠速不稳，容易熄火。

（2）检测内容：电源电压、信号电压、电磁线圈电阻、线束电阻。

① 测信号电压。

检测条件：拔下 EGR 接插件，打开点火开关。

万用表量程：直流 20 V。

参数范围：发动机 2 000~2 500 r/min 运转时 0.3~5 V。

② 测电源电压。

检测条件：拔下 EGR 阀接插件，打开点火开关。

万用表量程：直流 20 V。

参数范围：EGR 阀电源电压为 5 V。

③ 测 EGR 电磁阀电阻。

参数范围：5~20 Ω。

④ 线束电阻。

参数范围：1 Ω 以下。

（二）任务实施

1）准备工作

准备整车或发动机台架、数字万用表、手电筒、维修手册、常用工具、车轮挡块、三件套。

2）实施过程

（1）两人配合安放车轮挡块、翼子板布、前格栅布。

（2）每小组2人，分工配合测量旋转滑阀式怠速阀、步进电动机式怠速阀线圈电阻并进行记录。

（3）两人配合对怠速直流电动机、步进电动机式怠速阀通电进行动作测试。

（4）两人配合测喷油器、电动燃油泵线圈电阻并进行记录。

（5）两人配合对喷油器、电动燃油泵通电进行动作测试并记录。

（6）两人配合测量炭罐电磁阀、废气再循环阀电阻并进行记录。

（7）把检测参数记录在表2-8-1中，对比测量参数与维修手册参数，判断发动机各执行器性能。

表 2-8-1 执行器检测参数记录表

检测车型	检测内容	检测条件	检测参数	性能判断
	怠速阀线圈电阻	拔下怠速阀接插件		
	怠速直流电动机电阻	关闭点火开关，拆下节气门线束		
	喷油器线圈电阻	拔下喷油器接插件		
	电动燃油泵线圈电阻	拔下电动燃油泵接插件		
	炭罐电磁阀电阻	拔下炭罐电磁阀接插件		
	废气再循环阀电阻	拔下废气再循环阀接插件		
	怠速阀、怠速直流电动机动作测试			

项目三
汽车发动机电控系统的结构与检修

任务一 燃油喷射系统的结构与检修

> **学习内容** →
>
> 1. 燃油供给系统的结构。
> 2. 喷油器驱动电路结构。
> 3. 电动燃油泵驱动电路结构。
> 4. 燃油供给系统的检修。

> **学习目标** →
>
> 1. 知识目标
> （1）熟悉燃油供给的结构。
> （2）熟悉喷油器、电动燃油泵控制电路的结构。
> （3）熟悉燃油供给系统检修内容、方法、步骤。
> 2. 能力目标
> （1）能正确使用检测仪器。
> （2）能正确检测燃油供给系统部件性能、系统线路、系统压力。
> （3）能根据检测参数判断燃油供给系统性能。

一、任务导入

汽车在日常使用中，燃油供给系统不正常使发动机不工作或不能正常工作占了很大比例，燃油供给系统不供油、供油量不足、供油量过大会使发动机出现以下故障：不能起动，难起动，加速不良，容易熄火。

作为汽车维修企业的技术人员、维修人员，必须熟悉燃油供给系统结构、检修方法，否则很难按质按量完成汽车维修任务。

二、任务实施

（一）收集资料

1. 燃油供给系统的结构

燃油供给系统由电动油泵、燃油滤清器、油压调节器、喷油器、进油管、回油管等构成，如图3-1-1所示。

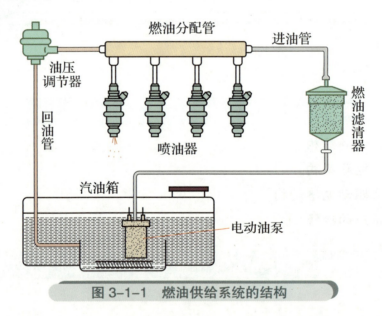

图3-1-1 燃油供给系统的结构

1）油压调节器

功用：根据进气歧管压力变化来调节进入喷油器的燃油压力，使两者保持恒定的压力差。

调节范围：250~300 kPa。

结构：如图3-1-2所示。

原理：当输入的燃油压力高于弹簧的预紧力与进气歧管压力之和时，燃油推动膜片向上压缩弹簧，打开回油阀，部分燃油流回油箱，油路油压降低。当燃油压力低于弹簧的预紧力与进气歧管压力之和时，关闭回油阀，部分燃油流回油箱，油压升高。喷油压力随进气歧管压力的变化而变化，使喷油压力与进气歧管压力之差保持不变。

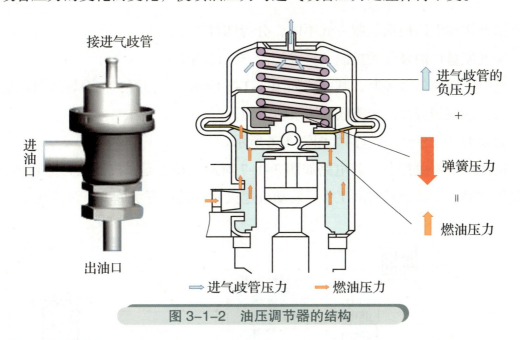

图 3-1-2　油压调节器的结构

2）燃油分配管

功用：将燃油均匀、等压地输送给各缸喷油器。

2. 喷油器驱动电路

喷油器驱动电路由喷油器、油泵继电器、ECU（ECM）及连接导线构成，如图 3-1-3 所示。

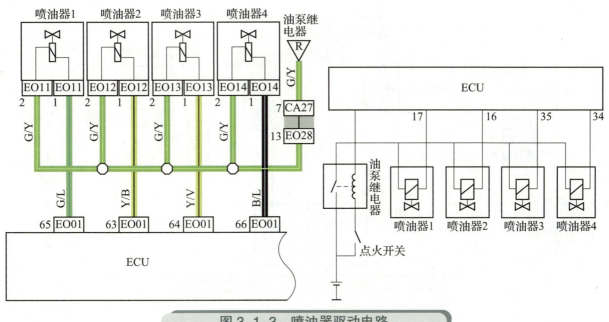

图 3-1-3　喷油器驱动电路

3. 电动油泵驱动电路

电动油泵驱动电路由电动燃油泵、油泵继电器、ECU 及连接导线构成，如图 3-1-4 所示。

电动油泵驱动电路根据控制方式不同，分为四种类型：

（1）空气流量计油泵开关控制（这种控制方法已淘汰）。

（2）电阻式转速信号控制，其电路如图 3-1-5 所示，特点是：油泵转速可以变化，发动机转速高，油泵转得快；转速低，油泵转得慢。

（3）油泵 ECU 控制，其电路如图 3-1-6 所示。

（4）机油压力开关控制，其电路如图 3-1-7 所示，特点是：机油压力达到 28 kPa 时，油压开关闭合通电，油泵长时间工作；发动机熄火后，油压开关断开，油泵停止工作。

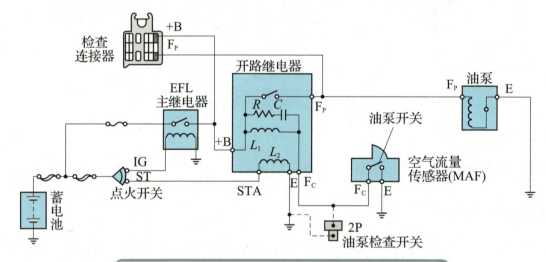

图 3-1-4　用空气流量计油泵开关控制的油泵电路

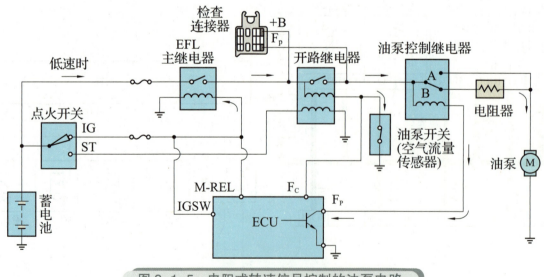

图 3-1-5　电阻式转速信号控制的油泵电路

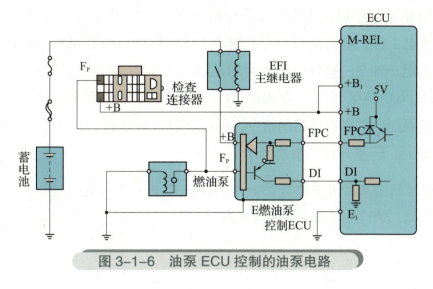

图 3-1-6 油泵 ECU 控制的油泵电路

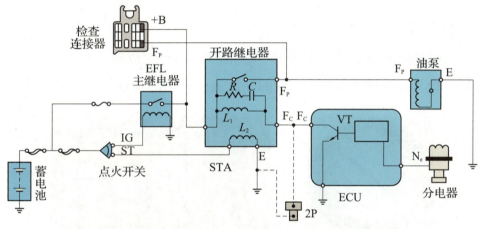

图 3-1-7 机油压力开关控制的油泵电路

工作原理：以转速信号控制的油泵电路为例，如图 3-1-8 所示。

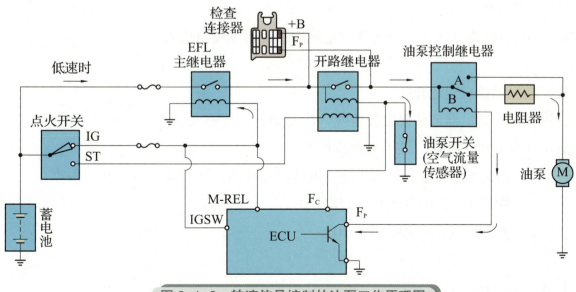

图 3-1-8 转速信号控制的油泵工作原理图

（1）发动机怠速或小负荷工作时。发动机 ECU 发出指令，油泵继电器线圈通电触点 B 吸合，油泵通电工作。电流流向为蓄电池→主继电器触点→开路继电器触点→油泵继电器触点→附加电阻→油泵→搭铁。由于附加电阻串入电路，故油泵低速工作。

（2）发动机小负荷运转时。发动机 ECU 判断接收到该信号，要适当加大供油量，ECU 发出切断油泵继电器搭铁回路的指令，继电器触点 B 断开，A 吸合，附加电阻无电流，油泵工作电流加大，转速升高，泵油量增大。

> 小提示：电动油泵在打开点火开关时或关闭点火开关后，先运转 2~3 s，目的是预先给系统建立油压，为下次起动发动机做准备。

4. 燃油供给系的检修

1）燃油压力的检测

（1）目的：可判断油泵、油压调节器、燃油滤清器有无故障，有无堵塞。

（2）量具、检具：量程为 0.5~1 MPa 的油压表；专用的油管接头如图 3-1-9 所示。

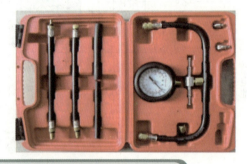

图 3-1-9 油压表及油管接头

（3）检测步骤、方法。

第一步：释放燃油压力，目的是防止拆油管时燃油喷出伤人。

方法：

① 起动发动机怠速运转；

② 拆下油泵继电器或油泵电源接线，让发动机自行熄火；

③ 起动发动机 2~3 次，装上电源线即可。

第二步：燃油压力预置，目的是防止拆修后系统内无压力而使首次起动困难。

方法：反复打开和关闭点火开关数次。

第三步：安装油压表（见图 3-1-10）。

方法：

① 释放系统内压力；

② 关点火开关，拆下蓄电池负极电缆；

③ 把油压表装到燃油滤清器与燃油分配管之间的管路上；

④ 重新装好蓄电池负极电缆。

第四步：检测系统静态（不起动发动机）油压。

方法：

① 短接检查连接器 +B—F_p 端子（见图 3-1-11）；

② 开点火开关，让油泵运转；

③ 观察油压表的读数，正常为 280~300 kPa；

读数过高：应检查油压调节器。

读数过低：应检查油路，检查油泵、调节器、滤清器。

④ 关闭点火开关，拔掉检测孔跨接线。

图 3-1-10　油压表的安装

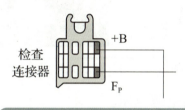

图 3-1-11　检查连接器

第五步：检测保持压力。

结束静态油压检查后，5min 后再观察油压表，此时的压力秤保持压力，正常应大于 147 kPa。

第六步：检测发动机怠速、高速状态油压（见图 3-1-12）。

怠速油压：正常值 250~280 kPa（具体车型排量不同参数也不同）。

高速油压：正常值 280~350 kPa（具体车型排量不同参数也不同）。

现代汽车油压调节器与油泵装在油箱内，油压一般在 350~420 kPa，不随转速变化。

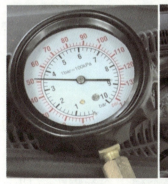 

图 3-1-12　检测发动机怠速、高速油压

> 小提示：拆卸油泵前，应先释放系统压力；装油泵后，应对系统预置压力。

2）燃油供给系统部件的检测

（1）电动油泵的检测。

油泵损坏或其线路有故障时发动机产生的故障：发动机不能起动，加速不良，怠速不稳，容易熄火。

① 测线圈电阻：正常应为 0.2~15 Ω。

② 直接通电试验：电动机应能正常转动（通电时间不超 6 s）。

③ 测油泵电源电压和搭铁性能，如图 3-1-13、图 3-1-14 所示。

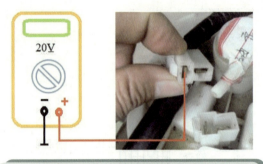

图 3-1-13　测油泵电源电压

图 3-1-14　测油泵搭铁性能

A. 测电源电压。

检测条件：点火开关在"ON"位置。

参数范围：电压在 11.5 V 以上。

B. 测搭铁性能。

检测条件：点火开关在"ON"位置。

参数范围：电阻在 1 Ω 以下。

④ 检查油泵熔断器（保险丝），熔断的应更换。

⑤ 检测油泵继电器，如图 3-1-15 所示。

方法：用导线把油泵继电器端子 85、86 分别与蓄电池"+""-"相接，再用万用表 200 Ω 量程测端子 30—87。

正常情况：通电时应听到"滴答"的触点吸合声，且测量 30—87 时应导通，电阻在 1 Ω 以下。

图 3-1-15　油泵继电器

（2）喷油器的检测。

喷油器线圈损坏时发动机产生的故障：不能起动或难起动，容易熄火，加速不良，排气管冒黑烟、放炮。

喷油器堵塞发动机产生的故障：难起动，堵塞不稳，容易熄火，功率下降，加速迟缓。

① 测线圈电阻：低阻喷油器应为 2~4 Ω，高阻喷油器应为 12~18 Ω。

② 检测工作情况：起动发动机后，用听诊器靠近喷油器应有清脆的"嗒、嗒、嗒"声。

③测电源电压和搭铁信号。

A. 测电源电压，如图 3-1-16 所示。

检测条件：点火开关在"ON"位置。

参数范围：电压在 11.5 V 以上。

B. 测搭铁信号，如图 3-1-17 所示。

检测条件：起动发动机。

检测方法：喷油器电路如图 3-1-18 所示，把测试笔与喷油器接插件接线端子连接。

正常情况：测试灯的二极管会随着发动机运转不停地闪烁，否则应检查线束及电控单元。

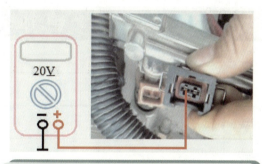

图 3-1-16　测油泵电源电压

图 3-1-17　测试笔测喷油器喷油信号

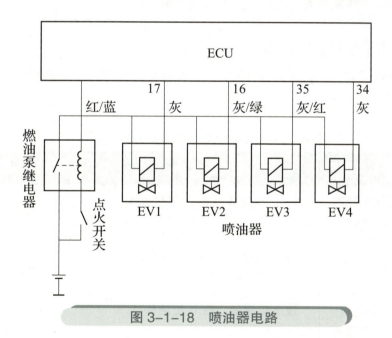

图 3-1-18　喷油器电路

C. 检测线束导通性：拔下 ECU 接插件，用万用表蜂鸣挡测 ECU 和喷油器接插件之间的连线，应导通。

D. 检测油泵继电器：应正常。

经以上检测，部件损坏的应更换，系统堵塞的应用压缩空气清洁，线路有故障的应视情况修理。

（二）任务实施

1）准备工作

准备整车或发动机台架、数字万用表、燃油压力表及专用检测头、汽车专用测试笔、维修手册、常用工具、轮挡块、翼子板布。

2）实施过程

（1）安放车轮挡块、翼子板布。

（2）按步骤检测五菱车或雪佛兰轿车燃油系统压力并记录检测参数在表3-1-1中。

表3-1-1 燃油压力检测参数记录表

检测车型	检测内容	检测条件	检测参数	性能判断
	静态油压	打开点火开关		
	保持压力	关闭点火开关		
	怠速油压	发动机怠速运转		
	中速油压	发动机中速运转		
	高速油压	发动机高速运转		

（3）两人配合对油泵进行动作测试。

（4）两人配合检测油泵电阻、电源电压、线束电阻、搭铁线电阻，并记录检测参数在表3-1-2中。

表3-1-2 电动燃油泵检测参数记录表

检测车型	检测内容	检测条件	检测参数	性能判断
	油泵电阻及动作测试	拔下油泵接插件，测量油泵端子		
	电源电压	拔下油泵接插件，起动发动机，测油泵电源线		
	线束电阻	拔下传感器、ECU接插件		
	搭铁线电阻	拔下传感器接插件		

（5）两人配合对喷油器进行动作测试。

（6）两人配合检测喷油器线圈电阻、电源电压、线圈搭铁性能并记录检测参数在表3-1-3中。

表 3-1-3 喷油器检测参数记录表

检测车型	检测内容	检测条件	检测参数	性能判断
	线圈电阻及动作测试	拔下喷油器接插件，测喷油器端子		
	电源电压	拔下油泵接插件，打开点火开关，测喷油器电源线		
	线束电阻	拔下传感器、ECU 接插件		
	搭铁线电阻	拔下传感器接插件		

任务二 电控点火系统的结构与检修

学习内容

1. 电控点火系统的结构。
2. 电控点火系统的检修。

学习目标

1. 知识目标

（1）熟悉电控点火系统的结构。

（2）熟悉电控点火系统电路的连接。

（3）熟悉电控点火系统检修内容、方法、步骤。

2. 能力目标

（1）能正确使用检测仪器。

（2）能正确检测电控点火系统部件性能、系统线路。

（3）能根据检测参数判断电控点火系统性能。

一、任务导入

汽车在日常使用中,点火系统不正常使发动机不工作或不能正常工作占了很大的比例,点火系统无高压电火花、火花弱等会使发动机出现以下故障:不能起动,难起动,怠速不良,加速不良,容易熄火。

作为汽车维修企业的技术人员、维修人员,必须熟悉电控点火系统结构、原理、检修方法,否则,很难按质按量完成汽车维修任务。

二、任务实施

(一)收集资料

1. 电控点火系统的结构

电控点火系统一般由传感器、ECU、点火控制器、点火线圈、分电器和火花塞构成,如图3-2-1所示。

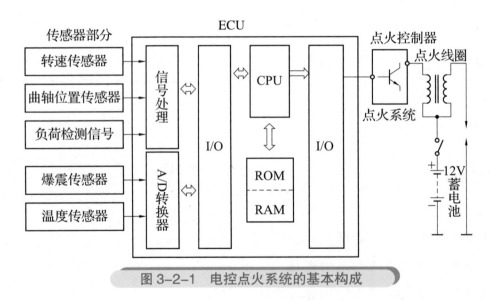

图3-2-1 电控点火系统的基本构成

2. 电控点火系统的类型

1)有分电器点火系统

现在汽车已基本不用有分电器点火系统。

2)无分电器点火系统

现在汽车普遍采用无分电器点火系统,无分电器点火系统又分同时点火系统和独立点火系统。

（1）同时点火系统。现以奇瑞东方之子 B11 车系和桑塔纳轿车点火系统为例，二者点火系统点火电路如图 3-2-2、图 3-2-3 所示。

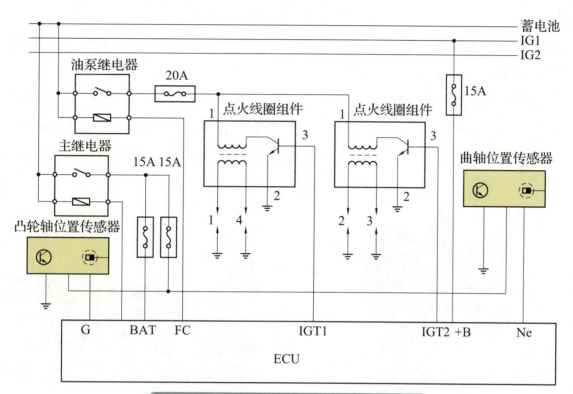

图 3-2-2　奇瑞东方之子 B11 车系点火电路

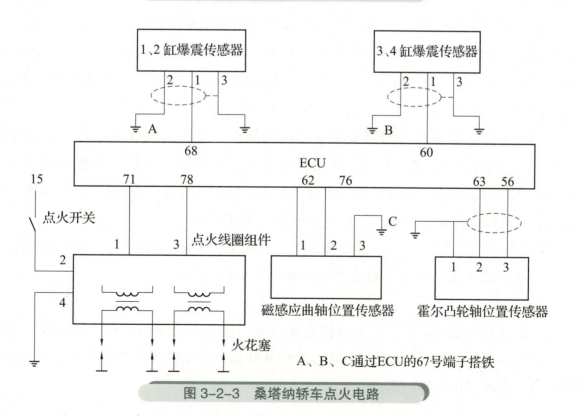

A、B、C通过ECU的67号端子搭铁

图 3-2-3　桑塔纳轿车点火电路

四缸机同时点火系统采用一个或两个点火线圈，如图 3-2-4 所示，1、4 缸为一组，2、3 缸为一组，高压线插孔旁标有分缸线所连接的气缸。每组两缸火花塞同时点火，一缸在活塞处于压缩行程点火，为有效点火；另一缸则在活塞处于排气行程点火，为无效点火。

四缸机的点火顺序一般为 1—3—4—2 或 1—2—4—3，按 1—3—4—2 点火顺序点火的车辆最为常见。

六缸机分组点火系统采用一个或三个点火线圈，如图 3-2-5 所示，1 缸与 6 缸、2 缸与 5 缸、3 缸与 4 缸各为一组共用一个点火线圈，或每两缸用一个点火线圈。同理，一缸火花塞在压缩行程点火，另一缸火花塞则在排气行程点火，排气行程点火是无效的点火。

图 3-2-4　四缸机点火线圈

图 3-2-5　六缸机点火线圈

直列六缸机的点火顺序一般为 1—5—3—6—2—4 或 1—4—2—6—3—5。

V 型六缸机的点火顺序，一般以坐在驾驶室内观察的情况进行区分：如果气缸顺序是右边自前往后为 1、3、5，左边自前往后为 2、4、6，点火顺序一般为 1—4—5—2—3—6；如果气缸顺序是右边自前往后为 2、4、6，左边自前往后为 1、3、5，点火顺序一般为 1—6—5—4—3—2。

现代轿车普遍把点火控制器安装在点火线圈内，组成点火线圈组件。点火线圈组件有 3 个或 4 个低压接线端子。如五菱微型客车点火线圈 3 个低压连接线端子为 +B、IGT、E；大众时代超人、卡罗拉等大部分轿车 4 个低压接线端子为 +B、IGT、IGF、E。

+B：点火线圈组件低压输入电源，电压为 11.5~14 V；

IGT：点火控制信号，起动发动机时有电，电压在 0.3~4.5 V 或 11.5~14 V 间变化；

IGF：点火反馈信号，打开点火开关时电压为 4.5~5.5 V；

E：搭铁端子。

（2）独立点火系统。独立点火又称直接点火。独立点火取消了点火高压线，减少了点火能量的损失，提高了点火性能。现以宝骏 630 和卡罗拉轿车点火系统为例，二者点火电路如图 3-2-6、图 3-2-7 所示。

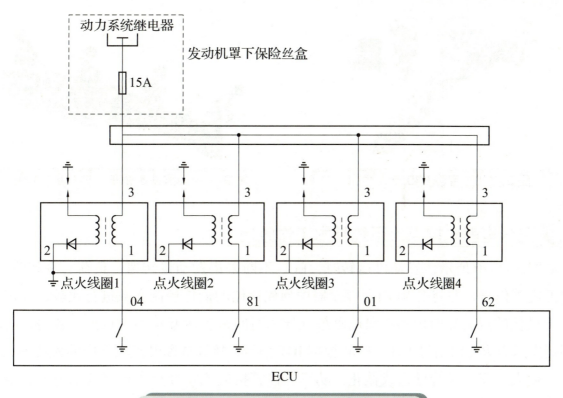

图 3-2-6 宝骏 630 点火电路

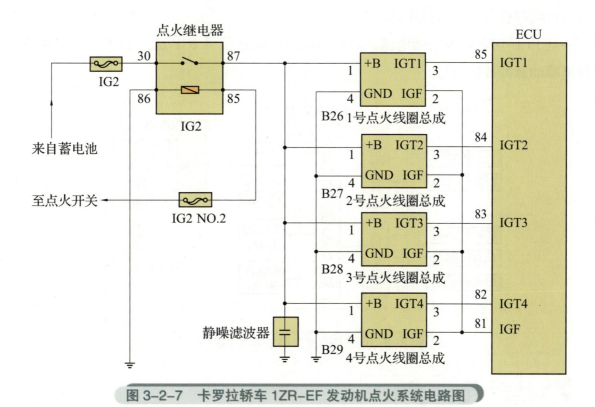

图 3-2-7 卡罗拉轿车 1ZR-EF 发动机点火系统电路图

独立点火系统每个气缸使用一个点火线圈,如图 3-2-8 所示;或使用数个点火线圈制成一体的点火线圈总成,如图 3-2-9 所示。

图 3-2-8 宝骏 630 点火线圈

图 3-2-9 雪铁龙轿车一体式点火线圈

3. 无分电器电控点火系统基本工作原理

如图 3-2-10 所示，发动机运转时，ECU 不断采集发动机转速、负荷、冷却液温度、进气温度等信号，并与 ECU 内存存储器中预先存储的最佳控制参数进行比较，确定某一工况下最佳的点火提前角和初级电路最佳导通时间，当活塞移动到点火位置时，向点火控制器发送点火正时信号 IGT，ECU 根据 IGT 信号，接通或断开点火器中的大功率三极管电路，使大功率三极管导通或截止，功率三极管接通或断开点火初级线圈电流，根据互感原理，次级绕组便感应出 15 000~30 000 V 的高压电，送到工作气缸的火花塞，点燃气缸内的可燃混合气，使气缸工作。

一旦 ECU 切断初级线圈电流，点火器将点火确认信号 IGF 送回 ECU，ECU 根据该信号输出喷油脉冲控制信号。

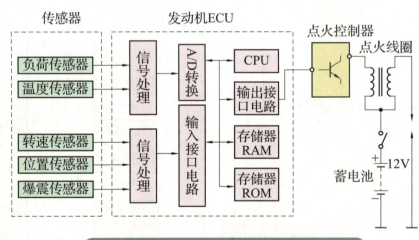

图 3-2-10 电控点火系统基本构成框图

4. 电控点火系统的检修

1) 点火系统无电火花发动机产生的故障

发动机不能起动。

2）点火系统电火花弱、电火花小发动机产生的故障

难起动，容易熄火，怠速不稳，加速不良，功率下降。

3）点火系统的检测

（1）点火线圈高压跳火试验。

检测条件：拆下点火线圈，起动发动机。

检测方法：如图 3-2-11 所示，将火花塞装入火花塞帽或点火线圈并把火花塞搭铁。

正常情况：电火花呈蓝白色，集中、连续，有明显跳火声。

（2）火花塞的检查。

① 观察电极颜色，如图 3-2-12 所示。

正常颜色：褐色或米黄色。

不正常颜色：黑色、乌黑色、白色。

图 3-2-11 电控点火系统跳火试验

正常燃烧　　　积碳严重　　　黑色油迹　　　白色

图 3-2-12 正常与不正常的火花塞颜色

② 测量、调整火花塞电极间隙。

测量方法：如图 3-2-13 所示。

调整方法：如图 3-2-14 所示。

正常间隙：0.6~0.8 mm。

图 3-2-13 测量火花塞电极间隙　　　图 3-2-14 调整火花塞电极间隙

（3）检测点火线圈。

① 不带点火控制器的点火线圈，测量初级绕组电阻和次级绕组电阻，如图3-2-15、图3-2-16所示。

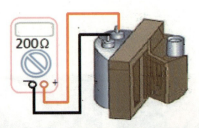 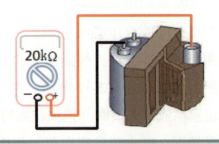

图3-2-15 测量点火线圈初级绕组电阻　　　图3-2-16 测量点火线圈次级绕组电阻

② 带点火控制器的点火线圈，通过换件法直接判断或测量外围电路间接判断其性能。

（4）检测高压连接导线电阻。

用万用表20 kΩ量程测量高压导线两端电阻，应在0.5~3 kΩ之间。

（5）检测点火系统低压电路，以丰田卡罗拉轿车为例。

① 测点火控制信号IGT电压。

检测条件：起动发动机。

万用表量程：直流20 V。

检测方法：如图3-2-17所示。

检测参数：0.1~4.5 V。

② 测量输入电源+B电压。

检测条件：打开点火开关，不起动发动机。

万用表量程：直流20 V。

检测方法：如图3-2-18所示。

检测参数：11.5~14 V。

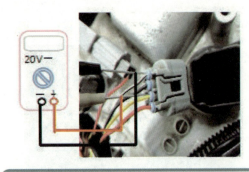 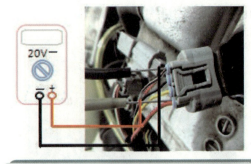

图3-2-17 测量点火控制信号IGT电压　　　图3-2-18 测量输入电源+B电压

③ 测反馈信号IGF电压。

检测条件：打开点火开关。

万用表量程：直流20 V。

检测方法：如图 3-2-19 所示。

检测参数：0.1~4.5 V。

④ 测量搭铁线电阻。

电阻值应在 1 Ω 以下。

⑤ 测量线束电阻。

电阻值应在 1 Ω 以下。

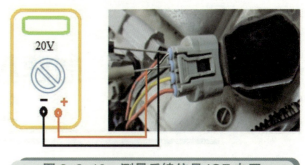

图 3-2-19 测量反馈信号 IGF 电压

（6）检查点火电路熔断器（保险丝）。

打开保险盒盖，找到点火保险，取下保险丝观察是否熔断，也可用万用表电阻挡测量保险两插脚是否导通。

（二）任务实施

1）准备工作

准备整车或发动机台架、数字万用表、汽车专用测试笔、维修手册、常用工具、火花塞套筒、车轮挡块、车辆护套、车辆护垫。

2）实施过程

（1）安放车轮挡块、翼子板布、前格栅布、换挡杆置于 P 或 N 位置。

（2）两人配合，拆卸点火线圈，插入火花塞，起动发动机进行高压跳火试验。

（3）拆卸火花塞，检查火花塞电极颜色，测量电极间隙并记录测量参数。

（4）测量点火线圈初级、次级绕组电阻并记录测量参数。

（5）测量初级电路输入电源 +B 电压、点火控制信号 IGT 电压、反馈信号 IGF 电压、搭铁线电阻、线束电阻，并把测量参数填入表 3-2-1 中。

表 3-2-1 电控点火系统初级电路检测参数记录表

检测车型	检测内容	检测条件	检测参数	性能判断
	IGT 电压	起动发动机		
	+B 电压	打开点火开关		
	IGF 电压	打开点火开关		
	搭铁线电阻	拔下点火线圈接插件		
	线束电阻	拔下电路两端接插件		

（6）检测曲轴、凸轮轴位置传感器及线路。

（7）检查点火电路熔断器。

任务三　怠速控制系统的结构与检修

学习内容

1. 怠速控制系统的结构。
2. 怠速控制系统的检修。

学习目标

1. 知识目标
（1）熟悉怠速控制系统的结构。
（2）熟悉怠速控制系统电路连接。
（3）熟悉怠速控制系统检修内容、方法、步骤。
2. 能力目标
（1）能正确使用检测仪器。
（2）能正确检测怠速控制系统部件性能、系统电路。
（3）能根据检测参数判断怠速控制系统性能。

一、任务导入

汽车在日常使用中，怠速不正常是常见的故障，除了怠速阀损坏之外，怠速控制电路有故障也会使怠速不正常，因此，作为汽车维修企业的技术人员、维修人员，应熟悉怠速控制系统结构、原理、检修方法，否则，很难按质按量完成汽车检修任务。

二、任务实施

（一）收集资料

发动机的怠速控制系统主要有旁通空气式和节气门直动式两大类。

1. 旁通空气式怠速控制系统的结构

旁通空气式怠速系统主要由怠速控制阀、发动机 ECU 以及各种传感器等构成，如图 3-3-1 所示。

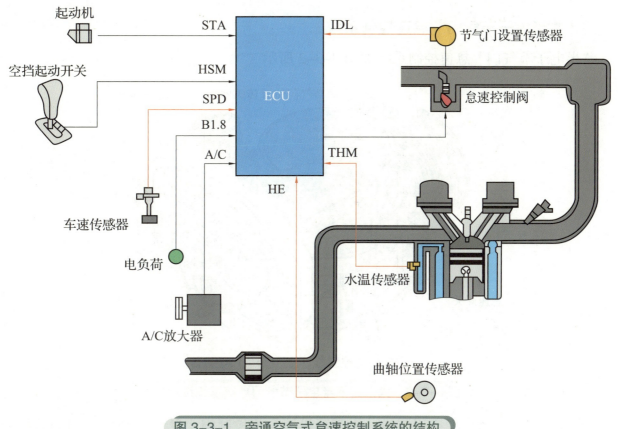

图 3-3-1　旁通空气式怠速控制系统的结构

旁通空气式怠速控制系统有两种：旋转滑阀式怠速控制系统和步进电动机式怠速控制系统。

步进电动机式怠速系统的控制过程如下。

（1）起动初始位置设定：关闭发动机后，怠速阀自动回到全开位置，改善再起动性能。

（2）起动控制：起动后，ECU 控制怠速阀将阀门关小到冷却液温度确定的位置，防止转速过高。

（3）暖机控制：暖机时，怠速控制装置从起动后冷却液温度所确定的位置逐渐关闭（70 ℃），回到正常怠速。

（4）反馈控制：若实际转速与目标转速相差超过 20 r/min，ECU 控制怠速装置增减空气量，使实际转速尽可能与目标转速接近，提高控制精度。

（5）稳定控制：发动机负荷增大或减小（空调 ON 或 OFF），发动机转速将减小或增大，ECU 控制怠速装置开大或关小，保持怠速的稳定。

（6）稳压控制：电器增多，电源电压要下降，怠速装置开大，提高怠速，提高发电动机输出功率，稳定电源电压。

（7）学习控制：根据发动机实际状态的变化，ECU控制并记忆怠速装置开度。

2. 节气门直动式怠速控制系统的结构

1）"半电子节气门"怠速控制系统

"半电子节气门"怠速控制系统如图3-3-2所示。

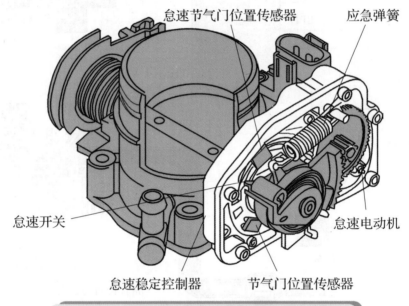

图3-3-2 大众车系半电子节气门怠速系统结构

节气门体上不再设置旁通气道，也不再设置怠速控制阀，发动机ECU通过直接控制节气门开度的方式来控制怠速转速。

半电子节气门怠速控制系统工作特点：怠速时，怠速开关闭合，ECU据此判定发动机进入怠速状态，于是通过怠速电动机及齿轮组等元件在一定范围内控制节气门的开度，节气门实际开度则由怠速节气门位置传感器信号反馈给ECU，从而既可以实现对故障的监测功能，也可以实现ECU的自学习记忆功能。应急弹簧则用于应急运转功能。

ECU的自学习记忆功能：发动机熄火后，ECU内部会记忆维持规定怠速所需要的节气门开度，以便下次起动后能够迅速稳定怠速。此功能可以确保发动机逐渐磨损后，其怠速仍然维持不变。

应急运转功能：当ECU对怠速的控制失效时，应急弹簧可将节气门拉开至某一开度，从而使发动机维持在某一高怠速下继续运行。

2）"全电子节气门"怠速控制系统

近年来，许多车型上又出现了一种如图3-3-3所示的"全电子节气门"怠速控制系统，或称为"智能节气门"怠速控制系统，其全部开度范围都受发动机ECU的控制。

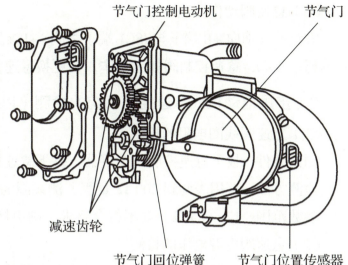

图 3-3-3　丰田车系全电子节气门怠速控制系统

全电子节气门怠速系统工作特点：用节气门控制电动机取代了节气门拉索，在加速踏板处另设一个加速踏板位置传感器，发动机 ECU 则根据该传感器信号控制直流电动机电流的大小和方向，从而控制节气门的开度，节气门的实际开度则由节气门位置传感器反馈给发动机 ECU。

当没有电流流向直流电动机时，复位弹簧使节气门开起到一个固定位置（大约 7°，丰田卡罗拉为 6°），但是，在正常怠速期间，节气门的开度反而要小于这个固定位置。

在对节气门体进行清洗等维修作业或更换节气门体时，或更换 ECU 后，ECU 内部的记忆值与节气门的实际开度可能不一致，因此会造成怠速波动现象。解决方法有以下两种。

方法一：起动发动机，反复踩几次加速踏板，并使发动机怠速运转 30min 左右即可（利用 ECU 的自学习记忆功能使怠速逐渐恢复稳定）。

方法二：用故障诊断仪的"自适应匹配"功能清除 ECU 内部的记忆值，并利用怠速节气门位置传感器信号重新记忆新的数据。

3. 怠速控制系统的检修

1）旋转滑阀式怠速控制系统的检测（以一汽花冠轿车发动机为例）

（1）怠速阀线圈电阻检测。

测试条件：拔下怠速控制阀连接器，拆下怠速控制阀。

检测方法：万用表调到 200Ω 量程，测线圈 +B—ISC1、+B—ISC2 的电阻。

参数范围：17~24.5Ω。如不符合要求，则更换怠速控制阀。

（2）怠速阀动作测试。

方法：分别向 +B 端子与 ISC1 端子之间、+B 端子与 ISC2 端子之间提供 12 V 电压（时间不超过 1 s），怠速控制阀如无动作，则更换怠速控制阀。

2）步进电动机式怠速控制系统的检测（以五菱车发动机为例）

（1）怠速阀线圈电阻的检测。

测试条件：拔下怠速控制阀连接器，拆下怠速控制阀。

检测方法：万用表调到 200 Ω 量程，测线圈的电阻，如图 3-3-4 所示。

参数范围：17~24.5 Ω。如不符合要求，则更换怠速控制阀。

（2）怠速阀电源电压的检测。

检测条件：拔下怠速阀接插件、打开点火开关。

检测方法：如图 3-3-5 所示。

万用表量程：直流 20 V。

参数范围：11.5 V 以上。

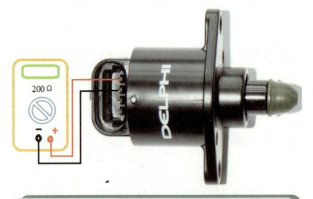

图 3-3-4　五菱车怠速阀线圈电阻的测量

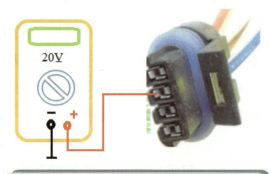

图 3-3-5　怠速系统电源电压的测量

（3）测怠速阀搭铁线搭铁性能。

方法：如图 3-3-6 所示。

参数范围：搭铁线电阻应在 10 kΩ 以上。

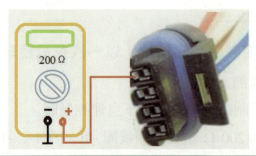

图 3-3-6　测量五菱车怠速电动机搭铁线电阻

（4）测怠速阀线束电阻。

方法：拔下怠速阀和 ECU 接插件，用万用表测怠速阀和 ECU 线束间电阻。

参数范围：应在 1 Ω 以下。

3）节气门直动式怠速控制系统的检修（以大众迈腾 1.8L 发动机为例）

（1）机械部件检查。

如图 3-3-7 所示，目测节气门积碳、电动机轴承磨损、齿轮断齿、驱动机构卡滞情况等。积碳的应拆下节气门体，用化油器清洗剂清洗积碳；电动机轴承磨损、齿轮断齿的应更换损坏件或节气门体；驱动机构卡滞的应视情修理或更换节气门体。

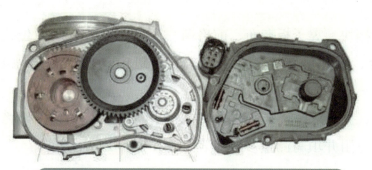

图 3-3-7　大众迈腾 1.8L 发动机电子节气门

（2）动作测试。

测试方法：如图 3-3-8 所示，把两支测试针插入接插件 3 和 5 线孔，用两根导线把两支测试针分别与蓄电池"+""-"极连接，观察节气门是否动作。

正常情况：通电时，直流电动机能完全打开节气门；断电后，节气门能复位。

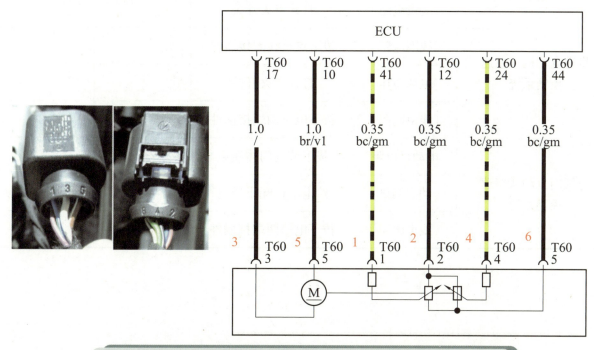

图 3-3-8　大众迈腾 1.8L 发动机电子节气门接插件实物和电路图

直流电动机不能正常打开节气门的,应更换节气门体。

(3)检测线束电阻。

拔下节气门线束和 ECU 线束,测 3—17、5—10 之间端子电阻,应在 1 Ω 以下。

(二)任务实施

1)准备工作

准备整车或发动机台架、数字万用表、汽车专用测试笔、维修手册、常用工具、车轮挡块、三件套。

2)实施过程

(1)安放车轮挡块、翼子板布布、前格栅、换挡杆置于 P 或 N 位置。

(2)两人配合,拆卸旋转滑阀式怠速阀、步进电动机式怠速阀电阻并填写参数在表 3-3-1 中。

(3)两人配合,拆下怠速阀接插件测量怠速阀电源电压,填写测量参数在表 3-3-1 中。

(4)测量线束电阻并填写测量参数在表 3-3-1 中。

表 3-3-1 怠速控制系统检测参数记录表

检测项目	检测内容	检测条件	检测参数	性能判断
旋转滑阀式怠速控制系统	线圈电阻	起动发动机		
	电源电压	打开点火开关		
	线束电阻	打开点火开关		
步进电动机式怠速控制系统	线圈电阻	拔下点火线圈接插件		
	电源电压	打开点火开关		
	线束电阻	拔下电路两端接插件		
节气门直动式怠速控制系统	电动机电阻	拔下节气门体线束		
	动作测试	给电动机端子通电		
	线束电阻	拔下电路两端接插件		

任务四 排放控制系统的结构与检修

学习内容

1. 排放控制系统的结构。
2. 排放控制系统的检修。

学习目标

1. 知识目标
(1) 熟悉排放控制系统的结构。
(2) 熟悉排放控制系统电路连接。
(3) 熟悉排放控制系统检修内容、方法。

2. 能力目标
(1) 能正确使用检测仪器。
(2) 能正确检测排放控制系统部件性能、系统电路。
(3) 能根据检测参数判断排放控制系统性能。

一、任务导入

汽车在日常使用中，废气排放不达标，既污染环境，车辆年检也会不合格。因此，作为汽车维修企业的技术人员、维修人员，应熟悉排放控制系统结构、原理、检修方法，否则，很难排除车辆排放超标的故障。

二、任务实施

（一）收集资料

1. 汽车排放污染的来源

汽车排放污染主要包括：曲轴箱废气排放污染、燃油蒸气排放污染、发动机燃烧废气排放污染。

三种有害排放污染中,发动机排放废气主要是CO、NO_x、HC(碳氢化合物)。其中CO、NO_x和约60%的HC都是由发动机排气管排出的。此外,曲轴箱废气和燃油箱燃油蒸发的HC排放各约占汽车HC总排放的20%。

汽车排放控制,就是利用废气循环装置来减少汽车废气排放量,降低废气排放污染。

2. 汽车废气排放控制系统的类型

汽车废气排放控制系统包括:曲轴箱强制通风系统、燃油蒸气排放控制系统、废气再循环控制系统。

3. 废气排放控制系统的结构、原理与检修

1)曲轴箱强制通风(PCV)系统的结构、原理与检修

(1)PCV系统的结构:无油气分离器的PCV系统的结构如图3-4-1所示,有油气分离器的PCV系统的结构如图3-4-2所示。

图3-4-1 曲轴箱强制通风系统

图3-4-2 大众发动机曲轴箱强制通风系统

(2)PCV系统的作用:回收燃烧室窜入曲轴箱的可燃混合气,防止机油变质,防止曲轴油封、曲轴箱衬垫渗漏,防止各种油蒸气污染大气。

(3)PCV系统原理:如图3-4-3所示,当发动机工作时,进气管真空度吸引新鲜空气经空气滤清器、空气软管进入气缸盖罩,再由气缸盖和机体上的孔道进入曲轴箱。

在曲轴箱内新鲜空气和曲轴箱气体混合后经气缸盖罩、曲轴箱气体软管进入进气管,最后经进气门进入燃烧室烧掉。根据发动机不同的工况,PCV阀的开度不同,通过的空气量也不同,由此对曲轴箱通风进行控制。

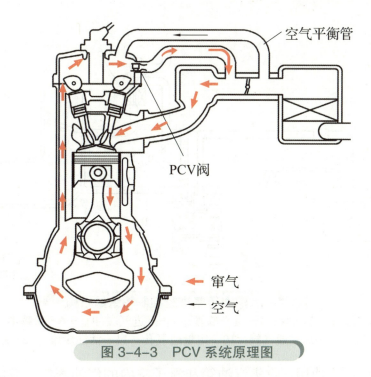

图 3-4-3 PCV 系统原理图

（4）PCV 系统常见故障现象：曲轴箱通风不良使曲轴箱内温度过高，机油过快变质；发动机不能起动或者起动困难；加速困难或发抖；怠速不稳或无怠速；油耗增加。

（5）PCV 系统的检修。

①检查 PCV 阀工作情况。

检查方法：拆下缸盖端软管接头和 PCV 阀，把 PCV 阀装入曲轴箱强制通风软管，起动发动机，用手指按住或松开 PCV 阀口，如图 3-4-4 所示。

正常情况：PCV 阀有吸力，反向安装 PCV 阀，则没有吸力，否则更换 PCV 阀。

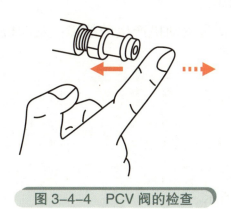

图 3-4-4 PCV 阀的检查

②检查 PCV 软管。

检查方法：目视软管接头、软管。

正常情况：接头连接牢固、软管无破裂，否则更换卡箍或新管。

2）燃油蒸气排放（EVAP）控制系统的结构、原理与检修

（1）结构：如图 3-4-5 所示，由活性炭罐、炭罐电磁阀、真空软管等构成。

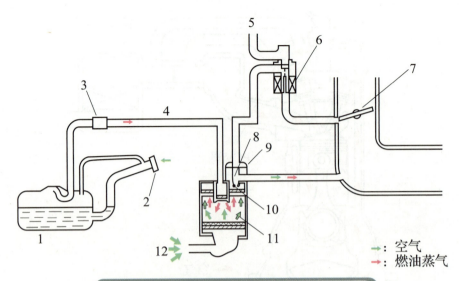

图 3-4-5 燃油蒸气排放控制系统的结构

1—燃油箱；2—油箱盖；3—单向阀；4—真空软管；5—接进气缓冲室；6—炭罐电磁阀；7—节气门；
8—主通气口；9—炭罐通气阀；10—定量通气孔；11—活性炭罐；12—新鲜空气

（2）EVAP 控制系统功用：收集汽油箱和浮子室内的汽油蒸气，并将汽油蒸气导入气缸参加燃烧，从而防止汽油蒸气直接排入大气而造成污染。

（3）EVAP 控制系统工作原理：发动机工作时，ECU 根据发动机转速、温度、空气流量等信号，控制炭罐电磁阀的开闭来控制排放控制阀上部的真空度，从而控制排放控制阀的开度。当排放控制阀打开时，燃油蒸气通过排放控制阀被吸入进气歧管。

在部分电控 EVAP 控制系统中，活性炭罐上不设真空控制阀，而将受 ECU 控制的电磁阀直接装在活性炭罐与进气管之间的吸气管中。

（4）EVAP 控制系统的检修。

① EVAP 控制系统有不正常发动机产生的故障：发动机动力下降，怠速不稳，排放超标。

② EVAP 控制系统检修。

A. 检测炭罐电磁阀电阻。

电阻应符合要求。

B. 动作测试。

测试方法：如图 3-4-6 所示。

正常情况：通电后电磁阀能产生吸合声，吹进、出气口能通气，否则更换电磁阀。

C. 检测电磁阀电源电压。

电压应在 11.5 V 以上，否则检测电路保险、继电器、搭铁线、线束电阻。

D. 目视真空软管。

应无断裂、折叠、松动，否则更换真空软管。

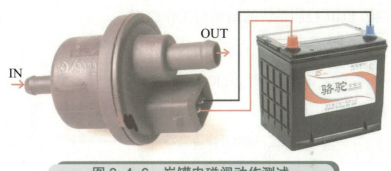

图 3-4-6 炭罐电磁阀动作测试

3）废气再循环（EGR）控制系统的结构、原理与检修

（1）EGR 控制系统的功能：将适量的废气引入气缸内参加燃烧，从而降低气缸内的最高温度，以减少 NO_x 的排放量。

（2）开环控制的 EGR 控制系统的结构及工作原理。

结构：如图 3-4-7 所示，由 EGR 阀、EGR 电磁阀、真空软管等构成。

原理：ECU 根据发动机冷却液温度、节气门开度、转速和起动等信号来控制 EGR 电磁阀的通电或断电，从而控制 EGR 电磁阀的开度。EGR 电磁阀有三个通气口（见图 3-4-8），EGR 电磁阀不通电时，弹簧将阀体向上压紧，通大气阀口被关闭，EGR 电磁阀使进气歧管与 EGR 阀真空室相通；当 EGR 电磁阀线圈通电时，产生的电磁力使阀体下移，阀体下端将通进气歧管的真空通道关闭，而上端的通大气阀口打开，EGR 阀的真空室与大气相通。

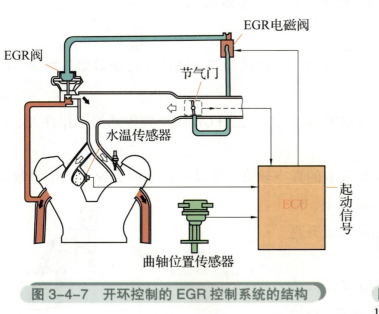

图 3-4-7 开环控制的 EGR 控制系统的结构

图 3-4-8 开环控制 EGR 电磁阀
1—空气通道；2—阀体；3—通大气；
4—去 EGR 阀；5—通进气歧管

（3）闭环控制的EGR控制系统的结构与工作原理。

结构：如图3-4-9所示。

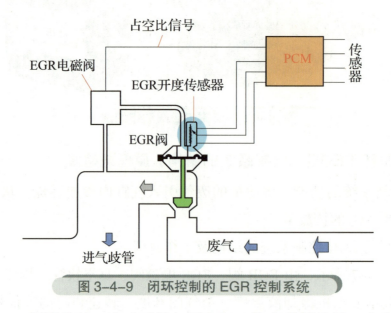

图3-4-9 闭环控制的EGR控制系统

工作原理：EGR阀膜片的一边（下部）通大气，装有弹簧的另一边为真空室，其真空度由EGR电磁阀控制。增大真空室的真空度，使膜片克服弹簧力上拱，阀的开度就增大，废气再循环流量也就增加。当上部失去真空度时，膜片在弹簧力的作用下向下拱而使阀关闭，阻断废气再循环。

> ⚠ 注意：发动机转速低于900 r/min或高于3 200 r/min时，发动机低温时，发动机怠速时，发动机起动时，EGR控制系统不进行废气再循环。

（4）EGR控制系统的检修。

① EGR控制系统产生故障时，发动机产生的故障：车辆排气污染增加，发动机功率下降，怠速运转不稳定甚至熄火。

② EGR控制系统检修的项目：EGR阀工作性能、EGR阀位置传感器工作性能、EGR电磁阀工作性能、EGR控制电路。

一般检查：怠速时，拆下EGR阀上的真空软管，发动机转速应无变化，用手触试真空管口应无吸力；转速达2 500 r/min以上，同样拆下此真空软管，发动机转速应明显升高（中断了废气再循环）。

EGR阀的检测：如图3-4-10所示，给EGR阀膜片上方施加15 kPa的真空度，EGR阀应能开起；不施加真空时，EGR阀应能完全关闭，并能听到清晰的阀门关闭声。

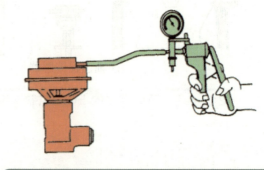

图3-4-10 用VIG1390工具对EGR阀检查

EGR 电磁阀的检测：

A. 测电磁阀电阻值，应为 33~39 Ω。

B. 不通电时，由通进气管侧接头吹入空气应畅通，由通大气的滤网处吹入空气应不通。通电时，与上述情况刚好相反。

EGR 控制电路的检测（以别克轿车 EGR 控制电路为例）

A. 测量电源电压 D—B，如图 3-4-11、图 3-4-12 所示。

检测条件：拔下 EGR 接插件，打开点火开关。

万用表量程：直流 20 V。

检测方法：红表笔接 D 端子，黑笔接 B 端子。

参数范围：应为 5 V。

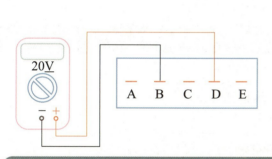

图 3-4-11　测量别克轿车 EGR 阀电源电压

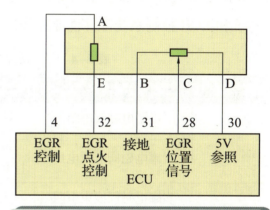

图 3-4-12　别克车 EGR 阀电路图

B. 测量信号电压 C—B

检测条件：插好 EGR 阀接插件，起动发动机。

万用表量程：直流 20 V。

检测方法：C 端子、B 端子分别插入测试针，红表笔接 C 测试针，黑笔接 B 测试针。

参数范围：发动机 1 700~2 500 r/min 运转时，电压为 0.1~4.5 V。

C. 线束电阻

检测条件：关闭点火开关，拆卸蓄电池负极电缆，拔下 EGR 阀线束和 ECU 线束。

万用表量程：200 Ω。

检测方法：两支表笔分别接 A—32、B—31、C—28、D—30、E—4。

参数范围：线束电阻应在 1 Ω 以下。

（二）任务实施

1）准备工作

准备整车或发动机台架、数字万用表、VIG1390 专用工具、维修手册、常用工具、车轮挡块、三件套。

2）实施过程

（1）安放车轮挡块、翼子板布、前格栅布、换挡杆置于 P 或 N 位置。

（2）两人配合，拆卸炭罐电磁阀，测量电磁阀电阻，记录测量参数。

（3）两人配合，对炭罐电磁阀进行动作测试。

（4）两人配合，测量炭罐电磁阀电源电压、线束电阻，记录测量参数。

（5）两人配合，拆卸 EGR 阀，用 VIG1390 工具对 EGR 阀检查。

（6）两人配合，对 EGR 电磁阀进行动作测试。

（7）两人配合，测量 EGR 阀控制电路电源电压、信号电压、线束电阻，记录测量参数。

（8）把检测参数记录在表 3-4-1 中，取测量参数与维修手册参数对比，判断 EVAP 控制系统和 EGR 控制系统部件性能和控制电路连接性能。

表 3-4-1 排放控制系统检测参数记录表

检测车型	检测内容	检测条件	检测参数	性能判断
	炭罐电磁阀电阻	拔下电磁阀接插件		
	炭罐电磁阀电源电压	拔下电磁阀接插件，打开点火开关		
	炭罐电磁阀线束电阻	拔下电磁阀接插件		
	EGR 阀电源电压	拔下炭罐电磁阀接插件，打开点火开关		
	EGR 阀信号电压	拔下废气再循环阀接插件		
	EGR 阀线束电阻	拔下 EGR 阀与 ECU 连接的接插件和 EGR 接插件		

项目四
汽车发动机电控系统的故障诊断

任务一　解码器的使用

> **学习内容** →
>
> 1. 解码器的结构。
> 2. 解码器的功能。
> 3. 解码器的使用方法。

> **学习目标** →
>
> 1. 知识目标
> （1）熟悉解码器的结构。
> （2）熟悉解码器的功能和使用注意事项。
> （3）熟悉国内常见解码器使用方法。
> 2. 能力目标
> （1）能正确使用国内常见解码器读取和清除发动机故障码。
> （2）能正确使用解码器读取发动机数据流。

一、任务导入

近年来，新材料、新技术广泛应用到汽车上，汽车的电气化、智能化程度越来越高，汽车的结构越来越复杂。一旦汽车控制系统出现故障，传统的经验诊断故障的方法效率低、容易出现误诊的局限就显现出来，汽车故障诊断仪——解码器的出现，弥补了经验诊断的短板。作为汽车维修企业的技术人员、维修人员，应熟悉解码器的结构、功能、使用方法，否则很难排除汽车控制系统的故障。

二、任务实施

（一）收集资料

1. 解码器的功用

解码器的功用是将故障码从ECU中读出，为检修人员提供参考。

2. 解码器的种类

解码器有专用型和通用型两种。

（1）专用型解码器：只能检测特定的车型，它是汽车生产企业为自己生产的车型设计的专用解码器。

（2）通用型解码器：适用车型广，可涵盖欧系车、美系车、日韩车、国产车。其功能接近专用解码器，能满足车辆日常维修要求。

国产解码器的代表：金德K81、金德KT600、修车王HY-222B、电眼睛431ME等。

进口解码器的代表：美国OTC诊断仪、德国BoschFS560等。

现以国产解码器金德KT600为例介绍解码器的结构、主要功能、使用方法。

3. 解码器的结构

解码器主要由主机、电源、测试线、测试接头、软件测试卡等构成，如图4-1-1所示。

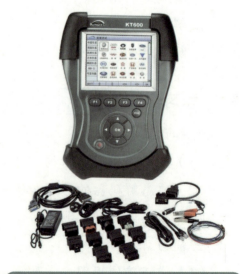

图4-1-1　金德KT600解码器结构

（1）主机。

金德 KT600 解码器正面、背面如图 4-1-2、图 4-1-3 所示。

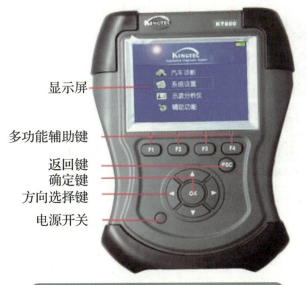

图 4-1-2　金德 KT600 解码器正面　　　图 4-1-3　金德 KT600 解码器背面

（2）电源和测试线。

金德 KT600 解码器电源适配器、测试线如图 4-1-4、图 4-1-5 所示。

 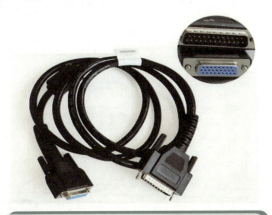

图 4-1-4　金德 KT600 电源适配器　　　图 4-1-5　金德 KT600 解码器测试线

> 😊 **小提示：KT600 有 4 种供电方式**
>
> （1）交流电电源供电：把电源适配器一端接解码器，另一端接到 220 V 交流电。
>
> （2）点烟器供电：用电源延长线接点烟器接头后，点烟器接头接点烟器，由点烟器供电。
>
> （3）故障诊断座供电：用 OBDII 测试接头接诊断口，由诊断座供电。
>
> （4）蓄电池直接供电：电源延长线一端接上鳄鱼夹，鳄鱼夹接蓄电池，另一端插入解码器电源插座。

（3）测试接头和软件测试卡。

KT600解码器测试接头、软件测试卡、上／下端口如图4-1-6~图4-1-9所示。

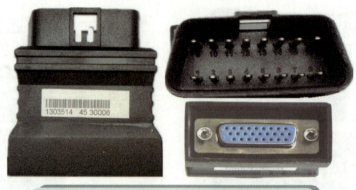

图4-1-6　KT600解码器测试接头

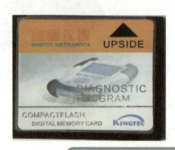

图4-1-7　软件测试卡

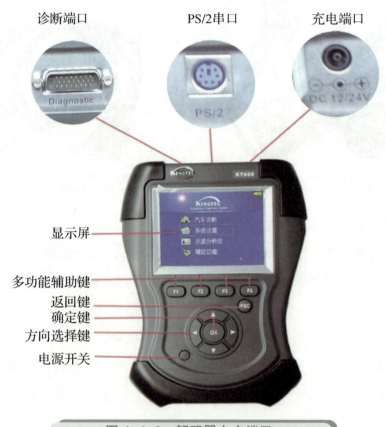

图4-1-8　解码器上方端口

图 4-1-9 解码器下方端口

4. 解码器的功能

解码器主要有基本功能和特殊测试功能。

1）基本测试功能

读取和清除故障码。

（1）读取故障码。解码器可以读出存储在发动机 ECU 中的故障码，并在显示屏上显示。

（2）清除故障码。汽车故障排除后，要清除存储在 ECU 的故障码。解码器可以方便、快捷地清除故障码。

2）特殊测试功能

特殊测试功能主要包括：动态数据流测试、静态数据流测试、执行元件测试、基本设定、控制单元编码、音响解码等。

（1）动态数据流测试。车辆在行驶中，或发动机运转状态下，用解码器检测发动机转速、车速、水温、节气门位置、进气压力、氧传感器信号、点火提前角、喷油脉冲等动态数据，供维修人员查阅。

（2）静态数据流测试。车辆停驶，发动机停止运转，点火开关钥匙处于 ON 位置状态下，用解码器测试发动机运转参数供维修人员查阅。

（3）执行元件测试。用解码器测试怠速阀、喷油器、空调离合、油泵继电器等执行元件是否工作。

（4）基本设定。当电控系统部件拆卸维修或更换后，或发动机 ECU 更换后，打开系统初始值发生了变化，要进行重新设定。如点火正时设定、电子节气门与 ECU 的匹配等。

（5）发动机 ECU 的编码。更换 ECU 后，应对 ECU 进行编码，否则发动机将无法起动或油耗增大、自动变速器寿命缩短。

5. 解码器使用注意事项

（1）使用前仔细阅读使用说明书。

（2）仔细检查解码器部件与电源、车辆正确、牢固连接后，方可打开电源开关。

（3）起动发动机前，先拉驻车制动器，换挡杆置于 P 或 N 位置。

6. 解码器的使用方法与步骤

1）故障码的读取与清除

（1）观察被测车辆诊断口形状和针脚，选取合适的测试接头。

（2）把测试线、测试接头、解码器连接好。

（3）将测试接头（最好用 OBDII）接到汽车故障诊断口，如图 4-1-10 所示。

（4）打开点火开关。

（5）打开解码器电源开关进入解码器主界面，如图 4-1-11 所示。

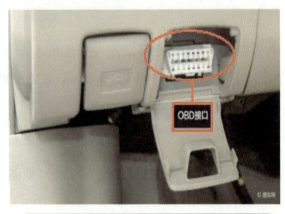

图 4-1-10　汽车故障诊断口

图 4-1-11　解码器主界面

（6）点主界面"汽车诊断"项目，进入"故障测试"界面，如图 4-1-12 所示。

图 4-1-12　解码器"故障测试"界面

（7）点"车系"，选择"按车型诊断"，进入"选择诊断方式"界面，如图4-1-13、图4-1-14所示。

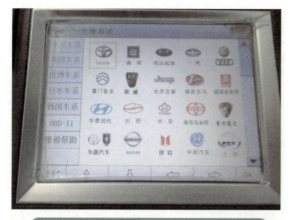

图4-1-13　解码器"车系"界面

图4-1-14　"选择诊断方式"界面

（8）点"手动诊断"或"自动诊断"进入"按车型测试"界面，如图4-1-15、图4-1-16所示。

图4-1-15　"选择诊断方式"界面

图4-1-16　"按车型测试"界面

（9）点被测车型进入"发动机型号"界面，如图4-1-17所示。

（10）点被测车型发动机型号进入"读取故障码"界面，如图4-1-18所示。

图4-1-17　"发动机型号"界面

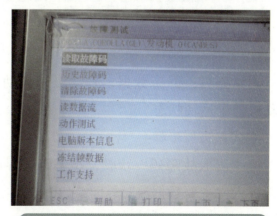

图4-1-18　"读取故障码"界面

（11）点"读取故障码"进入故障码显示界面，如图4-1-19所示。

（12）点"清除故障码"，即可清除ECU内存储的故障码，如图4-1-20所示。

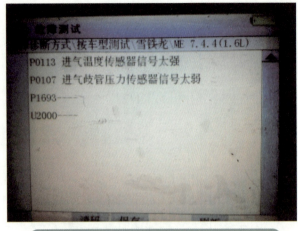

图4-1-19 故障码显示界面

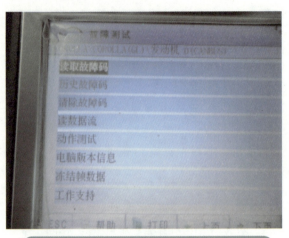

图4-1-20 "清除故障码"界面

（13）点显示屏下方ESC（返回），或按解码器ESC键，即可返回上一个界面，直至主界面，如图4-1-21、图4-1-22所示。

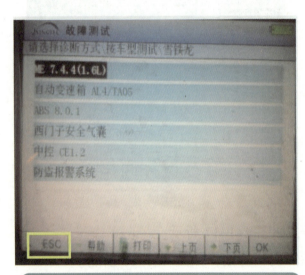

图4-1-21 显示屏下方ESC

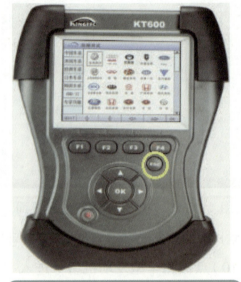

图4-1-22 解码器ESC键

2）数据流测试

测试条件：静态数据，发动机未起动、点火开关钥匙处于"ON"位置；动态数据，发动机处于运转状态。

测试方法与步骤：

按"读取故障码"步骤，把解码器界面翻到"读故障码"界面，点"读数据流"模块，进入"主要数据流"界面，如图4-1-23、图4-1-24所示。

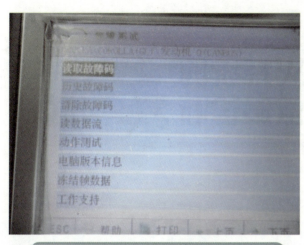
图 4-1-23　数据流界面

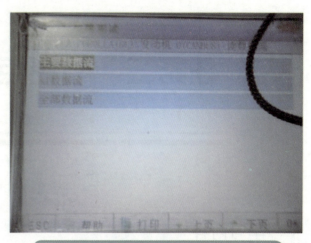
图 4-1-24　主要数据流界面

二、任务实施

1）准备工作

准备整车或发动机台架、解码器、维修手册、常用工具、车轮挡块、三件套。

2）实施过程

（1）安放车轮挡块、翼子板布、前格栅布、换挡杆置于 P 或 N 位置。

（2）两人配合，连接解码器、测试线、参数接头。

（3）把参数接头接到汽车故障诊断口。

（4）先打开点火开关，再按下解码器电源开关，接通解码器电源。

（5）两人配合，读取事先设置的车辆控制系统故障码，记录故障代码，并通过维修手册故障代码表或网络查明故障代码含义。

（6）排除故障后，清除故障码。

（7）两人配合，起动发动机读取发动机静态数据流，记录主要部件数据流参数并与维修手册标准参数比较，判断发动机主要部件实时参数是否正常。

（8）使用完毕，按下解码器电源按钮，关闭解码器。

（9）关闭点火开关。

（10）拆卸测试接头、测试线。

任务二 电控点火系统的故障诊断

> **学习内容**
>
> 1. 电控点火系统常见故障。
> 2. 电控点火系统故障产生原因。
> 3. 电控点火系统故障诊断方法、步骤。

> **学习目标**
>
> 1. 知识目标
> （1）熟悉电控点火系统常见故障。
> （2）熟悉电控点火系统故障测试原因。
> （3）熟悉电控点火系统故障诊断方法、步骤。
> 2. 能力目标
> （1）能正确使用诊断仪器。
> （2）能用正确的方法、步骤诊断电控点火系统的故障。

一、任务导入

汽车发动机要正常工作，须满足以下条件：

（1）有良好的高压电火花；

（2）有良好的空燃比；

（3）有良好的压缩力；

（4）控制系统正常。

电控点火系统高压电火花不正常是造成发动机不能正常工作的主要原因之一，作为汽车维修企业的技术人员、维修人员，应熟悉电控点火系统故障产生原因、熟悉电控点火系统故障诊断方法、步骤。

二、任务实施

（一）收集资料

1. 电控点火系统常见故障

电控点火系统常见的故障主要有：火花塞无电火花、电火花弱、火花不集中。

电控点火系统故障可分为：次级电路故障、初级电路故障、部件故障。

2. 火花塞电火花不正常发动机出现的故障

1）无电火花

全部火花塞无电火花：发动机不能起动。

部分火花塞无电火花：发动机容易熄火，发动机抖动，加速不良、动力下降。

2）电火花弱、火花不集中

全部火花塞电火花弱、火花不集中：冷机难起动或不能起动，容易熄火，动力下降，加速不良。

部分火花塞火花弱、火花不集中：发动机容易熄火，发动机抖动，加速不良、动力下降。

3. 电控点火系统故障原因分析

1）火花塞无电火花故障的原因

（1）全部火花塞无电火花的原因。

部件损坏：火花塞损坏、点火线圈损坏、点火模块损坏、曲轴位置传感器损坏、高压导线损坏、点火保险烧坏、ECU 损坏等。

控制电路产生故障：控制电路有断路、短路现象；

（2）部分火花塞无电火花的原因：火花塞损坏、点火线圈损坏，控制电路断路、短路。

2）火花塞火花弱故障原因

（1）部件不正常：火花塞老化、火花塞积碳、火花塞电极间隙不合适、点火线圈老化或局部短路、点火模块内部局部损坏、曲轴位置传感器间隙不合适或感应头脏污等。

（2）控制电路原因：电路导线接头接触不良、接头氧化、接头生锈、搭铁不良等。

（3）火花塞火花散、不集中故障原因：火花塞老化、积碳、损坏。

4. 故障分析思路

（1）使用期限短或保修期内的车，多为控制电路接线端子受潮或进水而氧化或生锈，或维护不当使电路松动造成。

（2）使用期限长、行驶里程多的车，则多为部件损坏、老化或缺少维护造成积碳，控制电路断路、短路、接触不良造成。

5. 电控点火系统的故障诊断

1）常规诊断

常规检查诊断是指以点火线圈为起点，通过跳火试验进行检查诊断。试验时，应用试火用的火花塞装入火花塞帽进行，避免直接取高压线跳火试验，防止损坏 ECU。

常规检查诊断流程如图 4-2-1 所示。

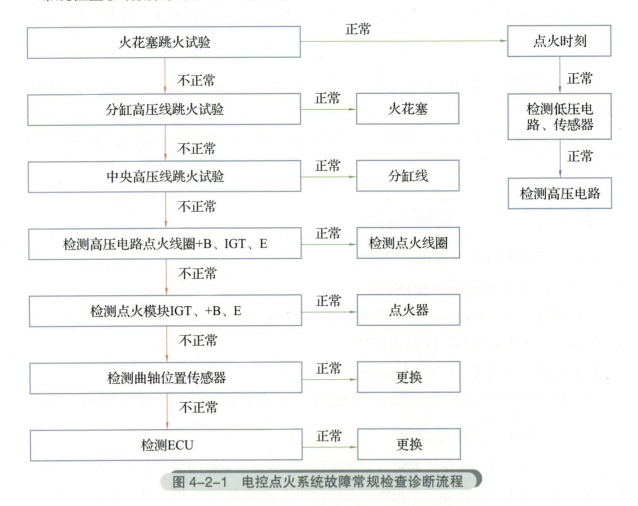

图 4-2-1　电控点火系统故障常规检查诊断流程

2）解码器诊断

如图 4-2-2 所示，汽车仪表盘故障警告灯点亮，则用解码器读取发动机故障码，按故障码提示结合万用表进一步检查电控点火系统具体故障原因和部位。

图 4-2-2 发动机故障警告灯

3）典型点火系统故障诊断

以卡罗拉轿车发动机电控点火系统为例，介绍电控点火系统的故障诊断方法、步骤。

卡罗拉轿车发动机电控点火系统为无分电器独立点火，点火顺序为 1—3—4—2，点火线圈与点火模块制成一体，其点火控制电路如图 4-2-3 所示。

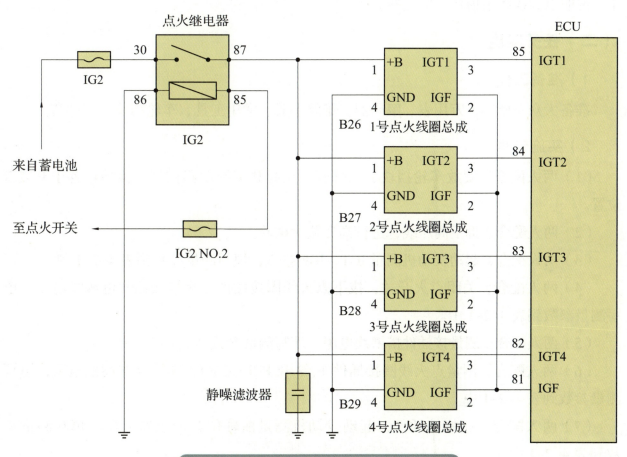

图 4-2-3 卡罗拉轿车发动机点火控制电路

（1）第一步：次级电路测试。

火花塞跳火试验，火花正常则检查原车火花塞，不正常则检查点火线圈初级电路。

（2）第二步：初级电路测试。

① IGT 电压测试。起动发动机，用测试笔测试 IGT1、IGT1、IGT3、IGT4，试笔应闪亮；测电压应在 0.1~4.5 V 之间，否则 ECU 有故障或点火线圈与 ECU 连线 3—85、3—84、3—83、3—82 断路或接触不良，应检测。

② 电源电压测试。打开点火开关，用测试灯测试 +B，试灯应点亮；万用表测量 +B GND，电压应在 11.5 V 以上，否则电源电路有故障。

③ 搭铁性能测试。拔下点火线圈接插件，测量 GND—车体的电阻，应在 1 Ω 以下，否则搭铁不良。

④ 曲轴位置传感器及线路检测。检测曲轴位置传感器工作电压：起动发动机，测量曲轴位置传感器工作电压，应在 0.3~1.5 V 之间，否则说明传感器损坏或线路不良。检测曲轴位置传感器线路：用万用表测量曲轴位置传感器搭铁线电阻，应导通且电阻在 1 Ω 以下，否则搭铁不良。

经以上检测，初级电路有故障，应视情况检修；初级电路正常，次级电路无高压电火花，说明点火线圈组损坏，应更换。

（二）任务实施

1）准备工作

准备大众车整车、万用表、解码器、维修手册、常用工具、车轮挡块、三件套。

2）实施过程

（1）两人配合，安放车轮挡块、三件套，拉起驻车制动器拉杆，换挡杆置于 P 或 N 位置。

（2）两人配合，拆下高压线，进行高压跳火试验。

（3）两人配合，起动发动机测量 IGT、IGF 电压，填写测量参数到表 4-2-1 中。

（4）两人配合，关闭点火开关，拔下点火线圈接插件，测量接插件电源线电压，填写测量参数到表 4-2-1 中。

（5）两人配合，测量接插件搭铁线电阻，填写测量参数到表 4-2-1 中。

（6）两人配合，测量点火线圈接插件 1、3 和 ECU 接插件 71、78 之间的电阻，填写测量参数到表 4-2-1 中。

（7）两人配合，接好接插件，起动发动机测量曲轴位置传感器电压，填写测量参数到表 4-2-1 中。

（8）两人配合，拆下传感器接插件，测量搭铁线电阻、线束电阻，填写测量参数到表 4-2-1 中。

表 4-2-1　电控点火系统检测参数记录表

检测车型	检测内容	检测条件	检测参数	性能判断
	高压跳火试验	起动发动机		
	IGT 电压	起动发动机		
	电源线电压	打开点火开关		
	搭铁线电阻	拆下点火线圈接插件		
	线束电阻	拆下点火线圈接插件		
	曲轴位置传感器工作电压	起动发动机		
	搭铁线电阻	拆下传感器接插件		
	线束电阻	拆下传感器接插件		

任务三　电控燃油供给系统的故障诊断

学习内容

1. 电控燃油供给系统常见故障。
2. 电控燃油供给系统故障产生原因。
3. 电控燃油供给系统故障诊断方法、步骤。

学习目标

1. 知识目标
（1）熟悉电控燃油供给系统常见故障。
（2）熟悉电控燃油供给系统故障测试原因。
（3）熟悉电控燃油供给系统故障诊断方法、步骤。
2. 能力目标
（1）能正确使用诊断仪器。
（2）能用正确的方法、步骤诊断电控燃油供给系统的故障。

一、任务导入

汽车发动机要正常工作,须满足以下条件:

(1)有良好的高压电火花;

(2)有良好的空燃比;

(3)有良好的压缩力;

(4)控制系统正常。

燃油压力不正常是造成发动机不能正常工作的主要原因之一,作为汽车维修企业的技术人员、维修人员,应熟悉电控燃油供给系统故障产生原因、熟悉电控燃油供给系统故障诊断方法、步骤。

二、任务实施

(一)收集资料

1. 电控燃油供给系统常见故障

电控燃油供给系统常见的故障主要有:系统无油压、系统油压过低、系统油压过高、喷油器不喷油、喷油器喷油量过小、喷油器喷油量过大。

电控燃油供给系统故障包括:控制电路故障、部件故障。

2. 电控燃油供给系统故障现象、原因分析及诊断步骤和方法

1)系统无油压

(1)故障现象:发动机不能起动。

(2)原因分析。部件故障原因:油箱无燃油、电动油泵损坏、电动油泵脏污卡滞、油管堵塞、保险烧断、继电器损坏。控制电路故障原因:油泵控制电路断路、短路。

(3)诊断步骤与方法。

第一步:初步确诊发动机不能起动与供油系统出故障有关。

方法:拆下连接节气门体的进气软管,踩下油门踏板,向节气门的进气管喷入少量的化油器清洗剂后松开油门踏板,起动发动机。

发动机能起动,烧完所喷的清洗剂后发动机即刻熄火,说明原来发动机不能起动是无燃油喷入气缸。

第二步:检测电动油泵工作情况。

方法：拆下后排座椅，两人配合，打开点火开关2~3 s再关闭，重复2~3次，用听诊器探头接触油箱的油泵安装口附近金属，应能听到"吱吱"的油泵转动声，否则说明油泵不工作，应先检测油泵或油泵控制电路。

第三步：检测供油系统油压。

方法：拆下燃油滤清器与燃油分配管之间的进油软管，把油压表装到软管上；起动发动机，观察油压表指针指向的读数，若指针指在"0"位，说明系统无油压。

2）系统油压过低

（1）故障现象：发动机起动困难，容易熄火，加速不良、功率下降，怠速不稳。

（2）原因分析。部件原因：油泵堵塞、油管堵塞、燃油滤清器堵塞、油泵脏污卡滞转速慢、燃油泵限压阀有故障、油压调节器有故障等。油泵控制电路原因：线路接线端子氧化、生锈使电路电阻增大。

（3）诊断步骤与方法：拆下燃油滤清器与燃油分配管之间的进油软管，把油压表装到软管上；起动发动机，观察油压表指针指向的读数。

油压调节器安装在油箱外的中小排量轿车，燃油压力随发动机转速变化而变化：怠速运转，油压为200~250 kPa；中速运转，油压为250~280 kPa；高速运转，油压为280~350 kPa。

检测参数低于此范围，或低于维修手册参数，说明系统油压过低，应进行检修。

3）系统油压过高

（1）故障现象：油管燃油泄漏、怠速过高、燃油超耗。

（2）原因分析：燃油泵限压阀调节不当，油压调节器故障，回油管路堵塞等。

（3）诊断步骤与方法：拆下燃油滤清器与燃油分配管之间的进油软管，把油压表装到软管上；起动发动机，观察油压表指针指向的读数。

检测参数高于正常范围，或高于维修手册参数，说明系统油压过高，应进行检修。

现代汽车油压调节器与电动燃油泵一起安装在油箱内，油压一般不随发动机转速的变化而变化，大多稳定在350~420 kPa。

4）喷油器不喷油

（1）故障现象：发动机难起动、不能起动。

（2）原因分析：喷油器堵塞、喷油器损坏、ECU有故障、喷油器控制电路短路或断路。

（3）诊断步骤与方法。

第一步至第三步：与"系统无油压"的诊断相同。

第四步：起动发动机，用听诊器听喷油器有无电磁吸合声，没有说明喷油器不工作，进行下一步检测。

第五步：关闭点火开关，拆下喷油器接插件，用汽车电路测试笔测试接插件电源线和搭铁线，起动发动机，测试灯应闪亮，否则，说明喷油器与ECU之间的线路断路或ECU内部有故障，应检测喷油器线束和ECU。

第六步：拆下喷油器，把喷油器装到专用检测设备检测喷油情况。

没有专用设备的，取一个空塑料水瓶，在水瓶的盖子上开一个刚好能塞进喷油器的小孔，瓶内装入汽油或柴油，用导线把喷油器端子与蓄电池正、负连接，同时把瓶子接到喷油器上，用力捏住瓶子，若无油从喷油器喷射出来，说明喷油器堵塞或损坏，应更换或用压缩空气清理干净。

5）喷油器喷油量过小

（1）故障现象：发动机难起动、怠速不稳、容易熄火、加速不良等。

（2）原因分析：喷油器堵塞。

6）喷油器喷油量过大

（1）故障现象：排气管冒黑烟、放炮或燃油超耗等。

（2）原因分析：喷油器损坏、ECU有故障使喷油器线圈通电时间过长。

喷油量过大、过小的诊断步骤与方法：拆下喷油器，把喷油器装到专用检测设备检测喷油情况，测试时间15 s，正常喷油量为70~80 mL，不在此区间则说明喷油器喷油量过大或过小。

（二）任务实施

1）准备工作

准备大众车、五菱车整车或发动机台架、万用表、燃油压力表、维修手册、常用工具、车轮挡块、三件套。

2）实施过程

（1）两人配合，安放车轮挡块、三件套，拉起驻车制动器拉杆，换挡杆置于P或N位置。

（2）两人配合，拆下节气门体进气软管，向节气门进气口喷少许化油器清洗剂，起动发动机试验。

（3）两人配合，起动发动机测试电动燃油泵工作情况。

（4）两人配合，关闭点火开关，安装燃油表，测试燃油系统压力。

（5）两人配合，起动发动机检测喷油器工作情况。

（6）两人配合，拆卸喷油器检测喷油器喷油情况。

任务四　怠速控制系统的故障诊断

学习内容

1. 怠速控制系统常见的故障。
2. 怠速控制系统故障产生的原因。
3. 怠速控制系统故障诊断方法、步骤。

学习目标

1. 知识目标
(1) 熟悉怠速控制系统常见故障现象。
(2) 熟悉怠速控制系统常见故障产生的原因。
(3) 熟悉怠速控制系统常见故障诊断方法、步骤。
2. 能力目标
(1) 能了解怠速控制系统常见故障现象及故障产生的原因。
(2) 能掌握怠速控制系统常见故障诊断方法、步骤。

一、任务导入

一辆雪铁龙轿车进南宁市一家4S店报修，客户反映该车发动机起动后要踩下油门踏板，完全松开油门踏板时发动机会立刻熄火。经维修技师检查，初步确认为发动机怠速控制系统不正常，造成怠速不良所致，需要对发动机怠速控制系统进行检修。那么，车辆在使用过程中，怠速控制系统一般会出现哪些故障？要诊断与排除这些故障，需要掌握哪些相关的知识呢？

二、任务实施

（一）收集资料

1. 怠速控制系统常见的故障

怠速控制系统常见的故障主要有：无怠速（怠速过低）、怠速不稳、怠速过高。

2. 怠速控制系统常见故障现象、原因分析及诊断方法和步骤

1）无怠速（怠速过低）

（1）故障现象。

发动机起动后，需要踩下油门踏板，松开油门踏板后发动机会立刻熄火。

（2）原因分析。

① 怠速控制系统原因。

A. 部件有故障。如怠速电磁阀损坏、传感器损坏、怠速空气通道堵塞、节气门控制电机不正常等。

B. 怠速电机控制电路接触不良。

② 点火系统原因。

A. 部件有故障。如火花塞积碳、火花弱、老化；点火线圈老化、受潮；曲轴位置传感器、凸轮轴位置传感器、水温传感器等有故障造成高压点火能量下降。

B. 控制电路有故障。点火组件线路接触不良、传感器线路接触不良造成传感器信号不良、点火不正时。

③ 燃油喷射系统原因。

A. 部件有故障。油管渗漏、油路堵塞使油压下降；喷油器堵塞使混合气稀；空气滤清器堵塞、喷油量过大使混合气浓；空气流量计、进气压力传感器不正常等。

B. 控制电路有故障。传感器线路接触不良。

④ 机械原因。如发动机有漏气现象、配气不良、润滑不良等。

（3）诊断步骤与方法。

现主要介绍怠速控制系统不正常造成发动机无怠速的诊断步骤与方法。

① 起动发动机，观察仪表的发动机故障警告灯是否点亮。

② 故障警告灯点亮的，用故障诊断仪读取故障码或数据流，根据故障码显示的部位进行检测，或根据数据流检测异常部件。比如，故障码显示节气门位置传感器信号不良。

A. 检查节气门位置传感器线路连接是否松动，松动的进行紧固处理后试车验证。

B. 起动发动机，用万用表直流电压档检测传感器信号电压 V_{TA}—E_2、V_{TA2}—E_2，如图 4-4-1 所示，若传感器信号电压不在 0.5~5V 的范围，则进行下一步测量。

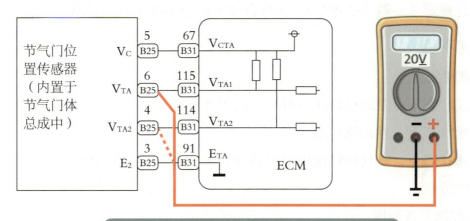

图 4-4-1　节气门位置传感器信号电压的测量

C. 用万用表直流电压档检测传感器电源电压 V_C—E_2 的电压，应为 4.5~5.5V，否则说明节气门位置传感器与 ECM 之间的电路出现断路或接触不良，电源电压正常的则测量传感器搭铁是否良好。

D. 拔下传感器接插件，用万用表电阻档测量搭铁线 B25—车体之间的电阻，应为 1Ω 以下，否则说明传感器搭铁线断路或接触不良，应重新连接搭铁线。

通过以上测量，传感器输入电源、搭铁均正常，信号电压不正常的，说明传感器有故障，应更换。

③ 起动发动机，用解码器对怠速电磁阀进行动作测试，断开或接通怠速电磁阀电源，靠近电磁阀，应听见"嘀嗒"的声音，且发动机怠速有明显的变化，否则说明怠速电磁阀或电路有故障。电磁阀正常的进行下一步的检查。

④ 关闭节气门，检查节气门下方是否有污物堵塞怠速空气通道，若出现堵塞，发动机无怠速的故障即为空气通道怠速造成，拆下节气门总成，用压缩空气或化油器清洗剂清洁节气门怠速空气通道，如图 4-4-2 所示。

图 4-4-2　清洁节气门怠速空气通道

⑤ 清洁完成后，观察节气门是否完全关闭，完全关闭的则为节气门有故障应更换，留有怠速进气通道的，安装节气门试车，故障不能排除的，则用解码器读取节气门开度数据是否符合规定（一般为 2~5°），不符合规定的应更换节气门总成。

2）怠速不稳

（1）故障现象。

① 在怠速状态下，发动机转速一时高一时低不平稳。

② 在怠速状态下，发动机抖动。

③ 在怠速状态下，发动机转速表指针跳动，不指在固定的读数上。

（2）原因分析。

① 怠速控制系统原因。

A. 节气门电机损坏或卡滞。

B. 怠速电磁阀损坏或卡滞。

C. 怠速空气通道有污物堵塞。

② 进气系统原因。

A. 个别气缸进气歧管或真空管、阀门漏气造成混合气稀。

B. 节气门位置传感器、空气流量计、进气压力传感器损坏或线路接触不良、断路。

C. 空气滤清器堵塞。

③ 燃油供给系统原因。

A. 个别气缸喷油器不喷油或各缸喷油器喷油不均匀。

B. 燃油压力低，使混合气过稀。

④ 点火系统原因。

A. 个别气缸不点火。

B. 传感器及线路有故障、点火模块及线路有故障、电控单元及线路有故障造成点火提前角不正确。

⑤ 排放控制系统原因。

A. 氧传感器及线路有故障。

B. EGR 阀有故障使进入气缸的废气增加。

C. 三元催化器堵塞。

⑥ 机械原因。

A. 个别气缸漏气。

B. 燃烧室积碳过多。

C. 配气不正时。

（3）诊断步骤与方法。

①起动发动机，观察仪表上的故障警告灯是否点亮，故障警告灯点亮的，用故障诊断仪读取车辆故障码或数据流，按故障码显示的部位进行检测，或检测数据流异常的部件。

②故障警告灯不亮或读取故障码时无故障码的，则进行直观诊断。

现主要介绍怠速控制系统的诊断。

A. 观察节气门怠速空气通道是否有污物堵塞进气通道，有则为进气道堵塞造成怠速不稳。

B. 观察各进气歧管、真空管是否损坏漏气，损坏的则为漏气造成怠速不稳。

C. 测量怠速电磁阀或节气门控制电机线圈电阻，若参数不符合维修手册规定值，则为电机不正常造成怠速不稳；或用替换法检验电机是否正常。

3）怠速过高

（1）故障现象。

①在怠速工况下发动机转速明显偏高，转速表指针读数大于正常怠速（800 r/min~1 000/min）。

②车辆起步时，变速箱齿轮容易出现冲击，齿轮冲击声大，未加油车辆往前移动。

（2）故障原因。

①怠速控制系统的原因。

A. 怠速电磁阀损坏，阀芯不能复位，怠速空气通道开启过大。

B. 节气门控制电机有故障，节气门未能复位，节气门下方的怠速空气通道开启过大。

②进气控制系统原因。

A. 传感器及线路有故障，节气门开启过大。

B. 节气门与发动机之间的进气管漏气。

C. 节气门与发动机之间的真空阀或真空软管损坏漏气。

（3）诊断步骤与方法。

①起动发动机，观察仪表上的故障警告灯是否点亮，故障警告灯点亮的，用故障诊断仪读取车辆故障码或数据流，按故障码提示检测故障部位，或检测数据流异常的部件。

②用故障诊断仪对怠速电磁阀进行动作测试，检验电磁阀是否正常有效，若接通或断开电磁阀线圈电路时发动机怠速无明显变化，说明怠速过高，是怠速电磁阀失效所致。

③直观诊断。

A. 拆卸怠速电磁阀，给电磁阀两组线圈通电，若电磁阀锥形阀芯不能正常动作，说明电磁阀损坏造成发动机怠速过高。

B. 观察节气门下方怠速空气通道，如图4-4-3所示，与正常车辆相比是否开启过大，若开启过大,说明节气门控制电机损坏或节气门卡滞,造成发动机怠速过高。

C.起动发动机,用手或干净的毛巾遮盖节气门进气口,减少空气进气量,若发动机怠速下降,说明进气管有漏气现象,造成发动机怠速过高。

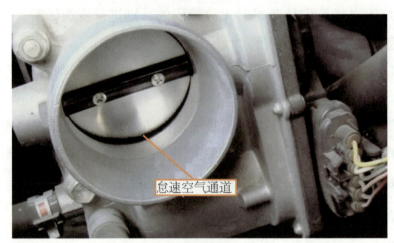

图4-4-3 观察怠速空气通道开度大小

(二)任务实施

1)准备工作

准备发动机台架、怠速不正常的车辆、数字万用表、故障诊断仪、手电筒、抹布、常用工具、车辆护套护垫、车轮挡块。

2)实施过程

(1)两人配合,安放车轮挡块、车辆护套护垫,拉起驻车制动器拉杆,换挡杆置于P或N位置。

(2)两人配合,起动发动机,观察仪表故障警告灯是否点亮,并做好记录。

(3)两人配合,安装故障诊断仪,读取故障码及数据流并做好记录。

(4)两人配合,按故障码提示检测故障部位。

(5)两人配合,直接给怠速电磁阀通电,检验电磁阀性能。

(6)两人配合,观察节气门开度并与正常车辆比较,初步诊断故障车怠速空气通道是否正常。

(7)两人配合,用故障诊断仪读取节气门开度数据流,查阅维修手册,对比车辆数据,确诊节气门开度是否正常。

参考文献

[1] 解福泉. 电控发动机维修[M]. 北京：高等教育出版社，2007.

[2] 唐小丹. 汽车电控发动机构造与维修彩色图册[M]. 北京：人民交通出版社，2006.

[3] 吴机安，吴洋. 汽车电子技术[M]. 北京：金盾出版社，2010.

[4] 张蕾. 汽车电子控制技术[M]. 北京：清华大学出版社，2009.

[5] 金春玉，隋明轩，宋信云. 现代汽车电子装置结构原理与维修[M]. 北京：北京理工大学出版社，2014.

[6] 王林超，徐刚. 汽车电控技术[M]. 北京：中国水利水电出版社，2016.

[7] 张俊. 汽车发动机电控技术[M]. 北京：北京大学出版社，2017.

[8] 王囤. 汽车电控发动机构造与维修[M]. 北京：人民交通出版社，2021.